梵智長老

美國弘法開示集

The Most Ven. Prof. Dr. Phra Brahmapundit

梵智長老 教授 博士——

著

主譯
釋悟性
謝維栽

Bhikkhuni Wusung
Wijai Ayurayuenyong

目錄/
content

淨心長老序 /08

本性禪師序 /10

一談觀禪 /15

世界潮流中的泰國佛教 /59

佛教徒的財富 /97

莊嚴僧團偈 /139

《梵智長老美國弘法開示集》序

　　梵智長老自一九九七年擔任泰國摩訶朱拉隆功大學校長至今，同時也擔任曼谷帕榮寺住持、二品僧官及最高僧伽執行委員會秘書處委員。

　　二〇〇一年五月二十日，淨心得到泰國摩訶朱拉隆功大學授與榮譽博士學位時，正式與校長梵智長老（原法名泰梭蓬）見面認識，接受他的建議，在台灣創辦摩訶朱拉隆功大學台灣分校。二〇〇三年九月十日正式舉行第一屆學僧開學典禮，泰國摩訶朱拉隆功大學校長梵智長老及校務委員會代表們，不遠千里前來見證這歷史性的一刻。南北傳佛教教育的雙向交流，由此展開新的一頁，轉眼已十餘年了。

　　二〇一五年六月首部中文譯著《法王論》出版之後，很高興見到梵智長老的第二部譯著《梵智長老美國弘法開示集》即將付梓。其中的內容結集自梵智長老近二十多年的美國弘法行演講開示，對於在美國的泰國佛寺、以及「弘法使」的未來展望，乃至全世界的佛教弘化，結合佛教教法和世界潮流，提出了精闢的個人見解，值得我們仔細閱讀和思索。

　　南北傳佛教本是同一根源，同樣肩負弘傳佛法的使命。雖然各自具有不同的佛教傳承，如能相互交流融合，必定能為世界和平與發展作出更大的貢獻。

　　如同本書引用《莊嚴僧團偈》所說：「聰明又無畏，多聞持法者，修行法隨法，彼名耀僧團。」梵智長老是集佛學、學術、教育於一身的行者，多年來致力於世界佛教的友好交流，正是所謂為「團體增添美好者」。今欣逢梵智長老的第二部中文譯作，由中泰共建大乘佛教研究中心出版流通，能夠嘉惠廣大中文讀者，乃樂為之序云爾。

　　　　　　　　　　　　　　　　二〇一七年四月
　　　　　　　　　　　　　　　　序於光德寺丈室

《梵智長老美國弘法開示集》序

　　《梵智長老美國弘法開示集》一書中文繁體字版，終於要付梓印行了，聞此佳訊，我甚是歡喜。

　　作為聯合國衛塞節紀念慶典委員會主席、國際佛教大學聯盟主席、泰國摩訶朱拉隆功大學校長的梵智長老，不僅是一位典型的佛教教育家，還是位名副其實的佛教弘法家。據知，長老已出版佛學專著數十種，舉辦佛學講座於幾大洲，不僅著名於南傳佛教界，亦名聞於漢傳佛教界。

　　我與長老結緣，因於中國大唐皇家寺院福州開元寺與泰國摩訶朱拉隆功大學共建的一個大乘佛教研究中心。該中心以“南北傳佛教交融，東西方文明對話”為宗旨，其中，重要用意在於推進南北傳佛教的相互交流與互鑒，共同提升與發展。此中心的主要項目有：推動佛教+互聯網弘法新模式；促進南北傳佛教教育互動交流；進行佛教經典著作多語種互譯出版；舉辦國際佛學高端講座等。

　　《梵智長老美國弘法開示集》一書的原版為泰文，由中心組織專業人士翻譯成中文，今終付梓，即將出版

發行。泰文中譯及其出版，便是佛教經典著作多語種互譯出版專案的一項成果。

　　該書精選了長老在美國的開示，共分四個部分：一談觀禪；世界潮流中的泰國佛教；佛教徒的財富；莊嚴僧團偈。每個部分，每段文字，都在向我們說明：長老是何等的大慈悲，何等的大願力，為了佛法西漸，為了救度異域蒼生，長老苦口婆心，諄諄教示，令人感動。而且，長老對佛法西漸，異域度生的經驗教訓之總結，對正在與將來致力於此項非凡事業的仁人志士而言，無疑是難得的良言益語。

　　長老德高望重，學富修深，與之相比，本人真是非常慚愧。此次，受邀為此書作序，實不敢當，惟因曾經修學南傳佛教數載於錫蘭，時刻想著回報南傳佛教法乳，對南傳佛教長者如梵智長老等甚是崇敬，故而盛情難卻，戰戰兢兢，勉為其難，以學習促寫序，以寫序促學習。為此，如有不當之處，只能就笑於方家了，尤其是，應該真誠懺悔於三寶及四眾弟子前。

　　此為序也！

釋本性　二〇一七年四月
序於福州開元寺

一談觀禪

▲梵智長老慶賀隆泰慈（Phra Vidhetdhammarangsi）長老八十八歲大壽合影

一談觀禪❶

　　尊敬的帕威德達瑪拉悉（Phra Vidhesdhammarangsi）長老、各位法師和朋友們！首先我要告訴各位，我並非預期在此發表主題演講，這原是尊敬的柏沙諾（Pasanno）法師的工作。我也很期待聆聽他在下午的演講。

　　泰國僧伽會美國分會秘書長，在今天早上，請求我致開幕詞。原以為是簡短的致詞，但是他卻給我一個多小時，令我有點措手不及。

　　無論如何，我們這場研討會的發起，關注於「指導西方人士學習觀禪（vipassanā or insight meditation）」❷的佈教技巧和方法的發展，其情況正在急速變化。我們成功的經驗正在改變。但是我們也可以從失敗中學習。有智慧的人，能從自己的失敗中學習成長；而更有智慧的人，是可以從別人的失敗中學習成長。這才是重點。請坦誠的分享你在指導歐美人士禪修時的缺失與困難吧！你正面對什麼困難？你是否能夠克服？我們可以從彼此的經驗中互相學習，來迎接相同性質的挑戰。

　　因此，我認為自己的任務，是提出一些對於觀禪的看法。我先提出一個問題，讓你們思考，因為我察覺在場多數的修行者，希望能夠互相學習。而我要提的第一個問題是：什麼是觀禪？

▲梵智長老於華盛頓泰寺舉辦的觀禪研討會發表演說

　　有時候，我們提到的不是觀禪，而是佛教禪法
（Buddhist meditation）。什麼是佛教禪法？它和印度教
禪法，或是其他著名的禪法，譬如超覺靜坐（transcendental
meditation）等等，有什麼不同？為何我們的禪法是佛教
禪法？這是向西方介紹我們的禪修方法理論之前，值得
去思考和回答的。我們不應將自己的禪法與別人的混淆
在一起。

　　什麼是佛教禪法？從三藏典籍研究中，可以顯而易

見，接近「禪法（meditation）」這一詞義的，是巴利語 bhāvāna 這個字。Bhāvāna 的字面意思是「培育（cultivation）」、「開發（development）」。如此，可以說有兩種 bhāvāna，而且 bhāvāna 也常被英譯為「meditation（禪法）」。因此，這裏有二種 bhāvāna：「samatha-bhāvāna（止禪、或奢摩它禪法）」和「vipassanā-bhāvāna（觀禪、或毗婆舍那禪法）」。所以，samatha-bhāvāna可以翻譯為英語「tranquility meditation（止禪）」，而 vipassanā-bhāvāna 可以翻譯為英語「insight meditation（觀禪）」。今天我們會聚焦在討論第二種 bhāvāna：觀禪。雖然我們將 vipassanā-bhāvāna 這個語詞英譯為「insight meditation（觀禪）」，但是請不要忘記佛教是有二種禪法的。在三藏典籍中，所提供給我們的資訊，是從兩個方向去開發心智。這兩個方向即是「samatha（止）」與「vipassanā（觀）」。

▲印度教雪山神女的靜坐銅像

▲ 超覺靜坐的標誌

不過，就 samatha-bhāvāna（止禪）來說，我傾向將 samatha（止）英譯為「calmness（寧定）」。Samana 一詞，與 samatha 源於同一字根，意指一個修正自己行為以達到寧定的人。Samatha 意指達到寧定，培育你的心智達到寧靜、或止靜。因此，Samatha 的功用，只是在心理活動上壓抑各種煩惱，如憤怒、仇恨、惡意、貪婪等等。這個功用，是要控制煩惱，使煩惱處於一個被鉗制於初期狀態的程度。就好比說，將水放入一個瓶子中，剛開始時是清澈的。但若持續置放這瓶水約一年，瓶子的底部便會出現一些沉澱物。你若攪動水，沉澱物便會上揚混入水中。當修習止禪時，你煩惱的心靈會暫時獲得淨化；但煩惱的根源並未拔除。它仍然在那裏。因此，止禪所帶來的心靈淨化，只是短期的。當你離開禪堂，走到外面的世界，面對各式各樣的挑戰與困難時，這些會形成刺激煽動起煩惱。你會發現，越是專注於修習止禪，你的煩惱越容易在受到刺激時，激盪起來。在泰國有一句俗諺說：「修禪者易怒，知足者易求。」你修習禪法，但卻容易受到激怒。我雖然不清楚為什麼在泰國會有這句諺語，但相信你也明白當中的含意。「修禪者易怒，知足者易求」，你應該感到知足，結果卻又向別人索求其它禪法。之所以會有這句諺語流傳，乃是因為單單只有修習「止」，是無法擺脫煩惱的。究竟斷除煩惱需要用觀禪。這意謂著要達到覺悟，必需修習觀禪。這就是為什麼「觀禪」被認定為是佛教禪法的原因。事實上，外道也有教授止禪。

▲悉達多六年苦行
（PHGCOM CC BY-SA 4.0）

悉達多在證悟之前，曾向阿羅邏（Ālāra-Kālāma）與優波迦（Upaka）兩位苦行者學習止禪。因此，再提醒各位，這二位苦行者都是教授止禪的。我傾向於將samatha-bhāvāna（止禪）這個字，英譯為tranquility meditation（寧靜禪）或calmness meditation（寧定禪）。悉達多太子捨棄世俗生活之後，成為一位苦行者，成為沙門（samana）。他追隨這二位苦行者學習止禪，成就修行果位。我的意思是，因為悉達多學得很快，他達到了止禪的最高境界，證得禪那狀態（jhāna state）、心一境性（absorption）或入定（trance）。我偏好用「trance（入定）」這字詞，來表述他達到或證得了最高的定境。

　　這個定境：禪那（jhāna）是什麼意思？我想告訴你們的是，巴利語 jhāna，就是日本佛教中的「禪（Zen）」這個字。Zen 就是 jhāna 的意思。我之所以要提到「止禪」，正是要讓你們知道，佛教禪修的傳承結果：所謂「禪那狀態」，在日本佛教的傳承就是「禪」。Jhāna 這字詞在日本佛教中成為 Zen。而在巴利傳承下的禪那，只是證得止禪（samatha meditation）。

▲日本白隱慧鶴禪師畫作
《直指人心，見性成佛》

但令人好奇的是，日本禪宗關注的不僅是止禪。日本禪宗的教徒宣稱，他們具備「觀禪」的要素，因為禪宗教導要活在當下，修習正念。他們的禪法強調正念。故此，日本禪宗的這個「禪（zen 或 jhāna）」字，也許會令巴利語傳承的人產生混淆，以為禪宗只談止禪，這是不正確的。據我所知，日本禪宗所倡導的，不單是止禪，也有觀禪。這是日本將佛教善巧應用於日常生活中的方式。我們如何成功的將觀禪應用於日常生活之中呢？禪宗教徒來到美國，弘揚禪宗廣受大眾歡迎。因此，我們要學習他們的成功之道。

然而，在達到「心一境性」，❸即入定之後，悉達多獲得了什麼？入定是止禪的成果，達到脫離個體或自我的境界。在入定這最高的境界中，不存在主、客之分，能知、所知的分別亦不存在。譬如，當你專注於呼吸，覺知入息、出息，覺知吸與呼。剛開始時，你會意識到自己作為一個人，正在覺知自身的呼吸。在這裡，「我」是能知，是主體；「吸呼」是客體。然而在定境之中，「能知的我」與「所知的呼吸」合為一體。你與呼吸合而為一，進而慢慢忘卻自己。除了「覺知」之外，空無一物。純然的覺知，不存在自我，什麼都沒有。

　　這是一個神秘的經驗。通過你的吸呼，象徵你與宇宙合而為一。之所以說是神秘的獨特經驗，皆因你無法說明它。它既非知覺，亦非無知覺：非想非非想處（neva-saññā-nāsññ' āyatana）。❹這裡沒有分別的知覺。能知的你和所知的客體，二者之間沒有分別。你與客體合而為一，完全忘卻自我。

　　在印度教，與客體的融合，被稱為「梵我合一」。你是能知，你是所知。這意味著你的經驗與全宇宙融為一體。這是印度教的觀點。佛陀向二位苦行者學習，他們並非佛教徒。這就是為什麼他只學會了止禪。如果我們安住於止禪，便會趨向把這種神秘經驗，認為是天神（God）的經驗。在天啟中，你與入定所得的天啟，合而為一。

▲威廉‧詹姆斯　　▲《物理學之道》

你們現在在美國，對吧？請閱讀一本由威廉‧詹姆斯（William James）所撰寫的書：《宗教經驗之種種》（*The Varieties of Religious Experience*）。我想告訴你們的是，威廉‧詹姆斯這位美國著名心理學家的見解。他分析了宗教的經驗，但卻不明白佛教禪法的獨特之處。他的結論僅止於入定的狀態，並發現所有宗教都有類似的經驗。

如果你閱讀過《物理學之道》（*The Tao of Physics*），作者費傑夫‧卡普拉（Fritjof Capra）也採用同樣的分析，就是當你修行時，達到這種入定的狀態。此時沒有主、客體的區分。

這樣的無分別，不純粹只是宗教經驗。如果你在閱讀詩歌，一篇好的詩歌，有時候也會描寫到這類天人合一的經驗。在這些文學作品中，偶爾會描寫到主客合一的經驗，和入定相似。

　　有一次我遊覽喜瑪拉雅山，來到位於印度邊境的山腳下。我在鄰接西藏地區的印度邊界處打坐修禪，而不是在高山上。我獨自一人坐在這裡，仰望山頂。在想像之中，我似乎正傾聽著天神在說話。喜瑪拉雅山的壯大，象徵著神、梵天（Brahmā）、溼婆（Shiva）。假如你是一位正在禪修的苦行者，你又會想像到什麼呢？當你和大自然合而為一，任何人都可以成為神，並且與真實合為一體。

　　在抵達喜瑪拉雅山山腳處之前，路途頗危險。你隨時可能掉進恒河（Ganges）裡。這令你感到非常害怕死亡。但是當你和自然合而為一，就沒有什麼需要害怕的了。因為你會永恒地與自然同在，死亡變得不再可怕。

▲梵天Walters Art Museum
（CC BY-SA 3.0）

　　事實上，入定有一個好處，它會帶給你寧定的喜悅。入定帶給你喜（pitī）、樂（sukha）和心一境性（citt'ekaggatā）。如果你生活在一個充滿壓力的世界，我會說，修習止禪很有益處。它就像一頓快餐、類固醇、鎮定劑，可以馬上治癒和消除你的疼痛。但是，造成痛苦的原因還存在。觀禪可以斷除疼痛的成因，而止禪是能夠令疼痛舒緩下來。這就是為什麼佛陀要離開那二位苦行者，另覓正覺之道。在禪定中，你是快樂的；不過一旦你離開洞穴，回到群居社會，便會受到外界的刺激。因為痛苦的起因還在，所以你會再度受苦。由於悲傷的起因還存在，所以你要致力於斷除悲傷的起因。

▲悉達多出家逾城（sailko CC BY-SA 3.0）

　　現在，我們再接著談談悉達多太子。他離開王宮，捨棄世俗，穿上袈裟，成為菩薩，在證悟之前。作為一位菩薩，即未來佛，他正在尋求覺悟之道。他修習各種的方式，包括極端的方法，例如全面禁食、嚴禁喝水。但是坐在菩提樹下，他證悟了中道（majjhimā-patipadā），這個培育他的心智及色身的正道。因而他進食了，並且修習禪法。這個令他成就正覺的禪法，是要他將專注力導向於存在的本體，而非忽略它，或假定它的當然存在。

　　當你入定時，你會逐漸忘卻一切事物，乃至整個宇宙。你
和宇宙萬物合而為一。你在那裡，我也在那裡。我們是宇宙中
必要的元素之一，並且與至高無上的存在者——梵（Brahmā）
合而為一。你是梵。你是神。神是你，在你之內。這意謂著存
在的本體，實際在止禪的修習之中。不過，所該專注的目標卻
不應是它。

　　佛陀將專注力導向於自身的存在，所謂身（kāyānu-
passanā）、受（vedanānupassana）、心（cittānupassanā）、法
（dhammānupassanā）等四念處。因而他發現內在無一物，是
空。在那裡，體驗不到存在的本體，根本沒有自我。所謂我或
自己，其實什麼都不是，一切萬法唯心所造而已。佛陀得證了
空（suññatā 或anattā）的境界，虛空的狀態。他從一切煩惱中
解脫，因為煩惱是一種無益、卻需要容器的精神內涵。而自我
就是那個容器，是種種煩惱的依存之處，如憤怒、貪婪、瞋恚
與愚癡。當你拔除對自我的盲目信仰，這個能夠容納煩惱的器
皿就不見了，煩惱因此無所依存，也就被滅除掉了。

　　在他證悟的那個晚上，正好也是他誕生、涅槃的五月月圓日，後人訂為衛塞節（Vesak Day）以茲紀念。這位未來佛成就了三種智，第一種是宿命智（pubbe-nivāsanussati paññā），第二種是生死智（cutūpapāta-ñana paññā），而第三種是漏盡智（āsavakkhaya paññā）。在成就這三種智之後，他正式成為佛陀。

　　這幾種智有什麼作用？「宿命智」是能回憶起佛自己的過去世，如《本生經》的故事記載，這是宿命智的成果。「生死智」是能看到其他人或眾生的過去世。這兩種智是極度修習止禪的成果。你通過天眼（dibba cakkhu）得以看見這些事情。當

你得到天眼淨，就可以看到其他眾生的命運。

　　然而，「證悟」是止、觀二禪的融合成果。前兩種智是極度修習止禪的成果。沒有天眼，你看不到其他眾生的未來世。但是這兩種智，無法令佛陀斷除煩惱，成就正覺。第三種「漏盡智」，這是令心靈從所有煩惱中得以淨化的智慧，由修習觀禪生起。運用這兩種技巧，佛陀以止、觀雙運，成就了無上的智慧。那是因為他先學習止禪，並且證得入定的最高境界。之後，他將專注力轉移到自身的存在，並且如實了知沒有本體的存在，只是空、無我（anattā）。如果沒有我的存在，一切的煩惱就可以被拔除了。

▲馬哈希西亞多

因此我會這樣說，關於佛教的禪法，在佛陀的傳記中，是有兩種禪法。我們必須認同：止禪，是觀禪的必要初始修學。

觀禪，以止禪作為必要的初始修學。至少需要達到剎那定（Khanika Samadhi），即一剎那的專注，一剎那的寧定。這是必要條件。如果不具備這樣的專注力，這基本的定力，就無法將專注力轉移至身、受、心、法上面。你的注意力很容易分散。

所以我不太認同在泰國有些修行者的觀念，以為源於緬甸馬哈希西亞多（Mahasi Sayadaw）的禪法，是不必修習止禪的「純觀」。我認為這是誤解。當我閱讀過馬哈希西亞多的佛法開示英譯本之後，我看到他確實提及，應當持續不斷地留意腹部的起伏，或是覺知內心的活動。當你行禪時，提起左腳向前走，並且腳向下觸及地面，接著換成右腳，你必須持續注意

所有的動作,包括左右腳的互換。如果想要轉向回頭,你也必需覺知這個意念。如果要搔癢,就覺知默念「要搔癢」。在行禪時,馬哈希西亞多強調你的覺知、你的專注,必須持續不斷。否則,所謂三摩地(samādi)的禪定狀態,不會生起。

因此,「三摩地」來自你對所有活動的持續專注覺知,不論內在(精神)或外在(身體)。唯有持續地專注覺知,方能生起威力強大的三摩地。三摩地是止禪的成果。如要增益觀禪,止禪是不可或缺的。

為何我要談論這個?其實我所講的,乃是隨順泰國人的性情。你可以追溯素可泰(Sukhothai)時期的泰國禪修史。當時的紀錄至今猶存,譬如,由初期曼谷時代的最高僧伽領袖─僧王所撰寫的紀錄。他清楚地提到修學止禪的傳統,和專注於四念處(satipatthāna)的觀禪。

　　阿姜曼 （Ajahn Mun或Luang Phaw Mun）是阿姜查（ Luang Phaw Chah）的師父。阿姜查則是阿姜柏沙諾 （ Ajahn Pasanno）的師父。阿姜查得到阿姜曼的指導，修學禪法。阿姜曼的禪法強調什麼？等到下午，阿姜柏沙諾將會回答這個問題。

　　在泰國東北部的傳承中，特別是法宗派（Dhammayuttika），非常強調止禪。止禪的修學方法在美洲非常流行，尤其是加拿大。人氣禪修導師，泰籍龍坡威力揚（Luang Phaw Viriyang）長老，也是教授止禪。他說現在不教觀禪，只教止禪。但是我反而會說，在泰國，是止、觀二禪的融合。

　　關於阿姜查的禪法來到西方時的教學發展情況。阿姜柏沙諾！我是從你的網站上閱讀到資料的。雖然我和你在泰國烏汶府巴蓬寺（Wat Nong Pa Pong）相見，已是多年前的事，但我一直都有留意你的動向。現在要說的是，在阿姜查的禪法傳承中，其實是結合了止、觀二禪。

▲阿姜曼

　　這樣的結合是必須的，因為如果只是安住在止禪，這不是純粹的佛教禪法。當你來到西方，你必須教授「觀禪」，它是獨特的佛教禪法，亦是佛教的特色。

　　南傳上座部佛教，不論是泰國、斯里蘭卡或任何巴利語系的傳承，都有兩個特色：一是觀禪；另一是「阿毗達磨（Abhidhamma）」。如果你希望學習南傳上座部的傳承，你絕對不能忽略「阿毗達磨」。「阿毗達磨」就像一張引導達到證悟的禪修路線圖。具體而言，你必須遵循特定路徑來修習觀禪。因此，「阿毗達磨」是給予你有關修習觀禪的理論指引。簡言之，《阿毗達磨》是心法（citta）、心所法（cetasika）、色法（rūpa）和涅槃（nibbāna）的研究。「心法」是指意識，即是你的心念。「心所法」是指心理行為或

▲二世紀印度的阿毗達磨註釋經文

心理內涵，其中牽涉種種模式的心理活動或心理鍛鍊。「色法」是指你的身體。「涅槃」是指達到證悟的成果。所以，「阿毗達磨」是通往開悟的路線圖，它給予修學觀禪的理論指引。「阿毗達磨」闡釋觀禪的理論面，佛教教育則是觀禪的實踐面。

現在我們轉個話題，探討西方教授禪法的情況。這方面有很多可以討論，我也試著提出我的見解給各位參考。我認為，觀禪的細節內容取決於你們。這方面的考量，可以由不同團體來自行決定。總之，當我們關注於如何教授西方人士觀禪的時候，我會建議：請不要遺忘泰國佛教傳承中的止禪。可以通過四十種業處來修習觀禪。❺然而，什麼是止禪？它又扮演什麼角色？

▲皇家田廣場

　　針對那些只求快速成果而來寺院的信眾，有一種禪法適合他
們。這個方法很簡單，譬如，如果有人來到寺院，而他們是佛教
徒的話，為何不邀請他們參與巴利語唸誦活動？在日本，「唸
誦」是初期禪修訓練中，一種強而有力的教法。現在全泰國的寺
院，都在向在家居士提倡唸誦。去年除夕夜子時，皇家田廣場聚
集了二十萬泰國人民共同慶賀新年。我也受邀領眾唸誦。大眾拿
著現場分發的巴利文經本，跟著法師一起唸誦。如果是邀請他們
來禪修打坐，我想他們就不會來了。但是，唸誦祈福，為了泰皇
陛下，為了迎接新年，為了社會繁榮，為了好運氣，他們就會來
參加。皇家田廣場一半以上都擠滿人群，其中不乏年輕人。在唸
誦時，他們的心專注於特定的所緣境，❻這就是止禪了。

　　我希望美國泰裔的年輕一代,在孩童時期,不只是來寺院上週日佛學班。兒童上週日佛學班固然很好。但之後又如何?我們還能作什麼?有時候,語言也是個障礙,但是對他們而言,跟著比丘們一齊以巴利語唸誦,應該不會很吃力吧!唸誦是日本人提倡的成功且強而有力的方法,現在正影響著泰國傳統在家眾,就連泰國國家佛教局也想提倡這個方法。為何不也在美洲,將唸誦納入止禪的修習來推廣?請別認為這不是佛教的方法。它的確是佛教的。

▲羅傑尼希（右）與信眾（CC0 1.0）

　　至於印度教的禪法，在當地最受歡迎的禪師之中，有一位已經移居俄勒岡州（Oregon）。我指的是帕・巴關・羅傑尼希，他在印度非常受歡迎，甚至因為他影響到保守人士的生活方式，而無法繼續住在印度。羅傑尼希自行遷居到俄勒岡州。當他還在印度的時候，我曾前往觀察他如何教授民眾禪法。原來他採用音樂。他要求修行者在坐禪時，開著音樂。那個音樂旋律，與泰國文化中的一首傳統民謠「蝙蝠吃香蕉（The bat eats bananas）」十分相似。這樣說，你應該能夠理解了。你必須專注於一首印度傳統歌曲。在我們泰國的音樂文化中，只使用一種樂器，如此你可以跟隨著音樂的旋律和聲音。這樣很好，你先專注在歌曲上，持續不斷地，直到你靜下心來。音樂結束之後，羅傑尼希會以英語講解禪法。止禪是初始的練習，然後，當修行者生起專注力，就可以引導他們進入觀禪。

因此當我去到佛教非常興旺的地區——台灣，看到他們把佛教唸誦進一步發展成樂團。住持撰寫佛教歌曲，給兒童或學生們演唱，自己則擔任指揮，這樣的作法非常受到歡迎。

我認為，這樣的做法，在美洲或許可以被接受。因為，這只不過是把唸誦加上樂器而已。西藏地區的唸誦唱片，現今在泰國也買得到。而在泰國，唸誦《金那般川經》（Chinabanchorn）的音樂被推廣流傳。為了年輕的下一代，我期許居住在這片土地上的人，能秉持更彈性的態度，來準備迎接唸誦，我稱之為唸誦，就是將佛陀重要的巴利語教誨，配合美妙的音樂唱誦出來。如果你在週日佛學班，只是將佛教歌曲的元素，加入泰國的傳統音樂中，我也不會介意。

中國佛教協會曾率領近180位表演者的佛教管弦樂團，上台演奏佛教歌曲。這是第一個由中國大陸政府所資助的佛教管弦樂團，毫不遜色於台灣。他們的表演非常專業，只是歌曲的內容不同。當他們演奏時，會把音樂的內容詮釋，顯示在螢幕上。歌詞以中文和英文呈現。這些優美的曲目，內容描寫著空性（sūnyatā）和觀世音菩薩。他們帶給人們一次圓滿的體驗，如夢幻般，讓我們在泰國佛教的傳承中，有幸目睹這類型態的音樂表演，不是來自美國，也不是出自電影，而是由在家信眾來發起。不過，這是花費相當昂貴的體驗。

▲佛使比丘（CC BY-SA 3.0）

　　然而，在美國，我認為在隆泰慈（Luang Ta Chi）長老的福蔭下，❼由泰國僧伽會美國分會贊助你們成立一支佛教樂團，應是力所能及的。請思考著，以結合音樂的止禪，作為觀禪的初始入門。我們就能夠與任何地方的教堂聖樂競爭了，我說的是有利於美國泰裔年輕一代的事。至於一般的西方人士，就留給尊敬的阿姜柏沙諾去考量細節了。我只是向各位提出總則，指出一條可行之路，激發各位創造自己的方法。

　　佛陀最初也是修習止禪和觀禪，並且證得禪那。孩童時的他，坐在樹下禪修；他也提及自己在七、八歲時，是以觀呼吸作為禪修方法。佛陀通過修習止禪的安那般那念（ānāpān-asati），❽得到證悟。經由覺知呼吸，他進而開展觀禪。這就是為何佛使比丘（Buddhadāsa Bhikkhu），撰寫了一本關於安般念十六特勝的書。❾

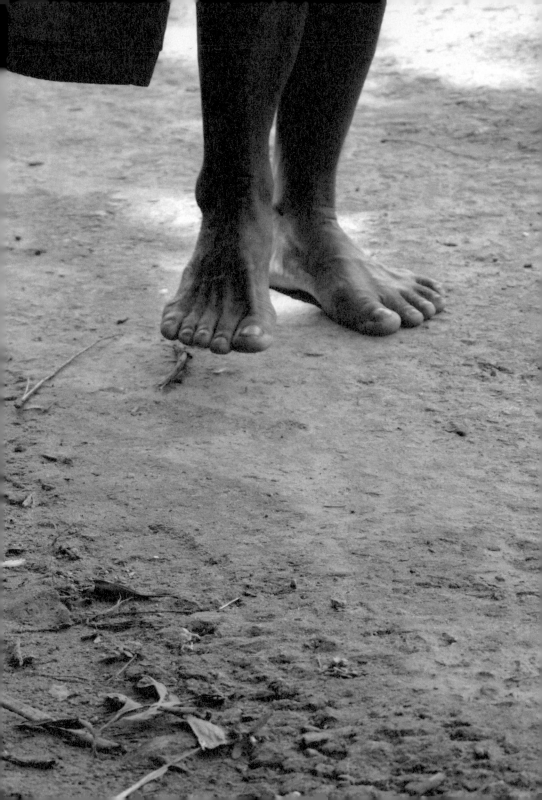

　　在泰國佛教傳承中，安般念是由止禪逐步開展至觀禪的。但是在緬甸佛教的傳承中，是直接觀察腹部的起伏，而不用太關注於呼吸。然而，腹部起伏與呼吸二者息息相關。正因如此，馬哈希西亞多說，安般念與身念處（kāyānupassanā）是相互融合的。所以，不安住於呼吸的出入，而是專注於身體動作（身念處），便是馬哈希西亞多所提出的修行捷徑。

　　但是在泰國的傳承中，我們比較注重呼吸，就像佛陀在證悟之前所作的禪修那樣。在他證悟之後，佛陀禪修不再是為了開悟，而是為了要愉悅過生活，因為他已經成就正覺了。如果要愉悅的生活，你需要專注力與定

力。因此佛陀在閒暇時間禪修。當你感覺壓力沉重時，請修習止禪來安定你的心靈吧！

如果你希望得到證悟，請依次第持續修習至身念處。在觀禪中，你會見到自己的真實本性。即是空、無常（anicca）、苦（dukka）和無我（anattā）。你如實了知內在空無一物，只是空（梵語 sūnyatā 或 Zen；巴利語 suññatā）。禪宗的傳承並非只關乎入定，不僅限於止禪，因為它希望開展正念，使人能夠穿透自我的存在意識，而照見空或空性（sūnyatā）。這就是為何要加強訓練修行，到達觀禪階段的原因。

　　觀禪的益處將顯發出來，一旦你離開寺院的禪堂，你最終還是要回到世俗生活，例如，你必須到辦公室去工作。而由修習觀禪培育出的正念，可以幫助你客觀地覺知外在世界。這無執取的空心，使你與周邊環境融合為一體，不再分隔。但是這個物我合一的境界，是由智慧所開展，並非只依禪定，而是由於你對心境一如的真實了知。自此你與世界再無分別，你的平等慈悲心由然而生。你在社會上生活得很快樂。因此，觀禪不只是將快樂帶進你的個人生活，而且也令你周圍的人感到快樂。它可以促進世界和平，不像止禪侷限於個人利益。觀禪使你忘卻和放下自我的想法。你以悲憫心來對待他人；因此你隨時準備提供協助──不帶有一絲內心的壓迫感。你的心得到自在，充滿力量，慈悲同行。你準備好隨時幫助他人，以奉獻和喜悅的心去服務社會，不求回報，只求付出。如果每個人都發心施與，則所有人都將受益。世間將只有平安喜樂。

　　　　　　　　　　　　　　　願平安與你們同在！

วัดไทย
ลอสแองเจลิส
๔๐ปี

世界潮流中
的泰國佛教

世界潮流中的泰國佛教❶

　　尊敬的最高僧伽委員會委員帕蓬瓦齊拉揚（Phra Phrom Wachirayan）長老、洛杉磯泰寺僧長帕拉加達瑪威地（Phra Rajadhammavidesh）長老、泰國僧伽會美國分會主席帕拉加普迪威地（Phra Rajbuddhividhes）長老、諸山長老、泰國僧伽會美國分會各位領導、摩訶朱拉隆功大學校領導、以及諸位泰國弘法使！

　　泰國國家佛教局代表，各位貴賓、以及諸位善知識！

今天對我們所有在國外弘法的僧眾來說，是大吉祥日。很榮幸有此機會表達我的感恩之意，對於在美國肩負弘揚佛法責任的重要寺院——「洛杉磯泰寺（Wat Thai of Los Angeles）」或「LA泰寺」成立四十周年紀念慶祝。我們可以說是回到了水的源頭，如俗語所說：「飲水思源，吃果子拜樹頭。」洛杉磯泰寺不僅是對當地泰籍人士或佛教徒有所貢獻，同時也是在美國弘揚佛法的寺院典範。特別是當提到泰國佛教在美國的弘法史，必須說，洛杉磯泰寺是泰國第一座在美國落地生根的佛寺，之後還陸續到美國各州開拓分院。這任務的發起人，是由前任會長或住持傳承下來，直至公元1998年，由帕達瑪拉加努哇特拉（Phra Dhammarajanuwatra）長老，傳位給現任住持帕拉加達瑪威地長老，經營管理作得非常好，使得寺院法務興隆，成為泰國人的榮耀。

　　今年，帕拉加達瑪威地長老已屆八十高齡，洛杉磯泰寺也成立了四十週年。看起來，洛杉磯泰寺的年齡，也只有僧長的一半歲數，恰似注定要同時慶祝寺院落成與僧長華誕。帕拉加達瑪威地長老負責管理此寺的時間，比其他住持還要長，並帶領洛杉磯泰寺日漸旺盛，更加輝煌。我們可以藉這個特別的機緣，來讚頌帕拉加達瑪威地長老的貢獻，且回顧泰國弘法使的使命，這座寺院就是弘法的源頭。因此，以下的演說也是為了感念長老的恩德，一生在海外為佛教的犧牲奉獻。

　　因此，在有限的時間內，將以瞻前顧後的方式進行演說，也就是回顧過去，瞻望未來。依據泰國海外弘法事務屆滿四十週年，源始於洛杉磯泰寺，並以此作為里程碑。由於大部份聽眾，以來自北美及泰國弘法使為主，也有少部份來自其他的洲，使我思考該講什麼主題？閃入腦中的第一個念頭是，經營管理海外泰國佛寺的方法。

泰國佛寺在海外經營之道

　　起初，泰國僧團經營海外佛寺，是以開雜貨店的方式。意思是說，僧團領袖或主持，到海外建立佛寺，有在家居士優婆塞、優婆夷進入寺院，就如同顧客到雜貨店買東西，我們有什麼就賣什麼，端看店家的本事如何，店家即是寺院住持。

　　早期時，住持必須擅長開示、講經說法。當時間過去，居士們想要學習禪修，可是住持師父無法教導，就必須邀請禪師來指導禪修。接下來，居士們又希望開辦週日佛學班，住持師父就去延請老師來教學。居士們再希望有法師來教泰文、或以英文教佛法，住持師父就得幫忙打理一切。這就是取決於寺院信眾，即店家常客的需求而行事。

　　雜貨店老闆也是如此，他考慮該進什麼商品來販售，因為店面空間狹窄。他觀察顧客經常購買的東西，例如：牙刷、牙膏，然後進貨來賣。之後，有些顧客想要買米，老闆就進米來賣，結果米的庫存量過多，賣不出去，因為想要買米的顧客只有一個人，他不是所有顧客的代表。有時候是老闆自己的想法，想賣什麼商品就進貨來賣，例如家用必備藥品，如果沒有人買，藥品就會過期。

　　起初，雜貨店的競爭對手少，店還能維持下去。但是，之後有了便利商店，如7-11在附近開店，就多了同業的競爭對手，雜貨店必須調整經營策略，無法像以往的行銷方式，不然遲早會倒閉。這就如同在海外的泰國佛寺，必須面臨大幅度的自我調整，因為多了競爭者，如其他泰國佛寺、寮國佛寺、日本佛寺、西藏佛寺等，這也是為何現今的泰國佛寺不能再拖延進行規劃的原因了。例如：當申請常住弘法使的VISA簽證有困難時，寺院必須規劃註明弘法使在寺院的職事是什麼？最後還必須作計劃調整。這是現代的寺院住持或僧長，再也無法像雜貨店老闆般地自己隨意行事了。

　　泰國佛教最初傳到海外，寺院住持或僧長多半採用上述開雜貨店的方式經營佛寺，所謂「由內而外（Inside-Out）」的經營模式，意指寺院內部管理者以自己的想法為主，並不顧慮外部信眾的需求，也沒有留意美國政府的相關居留簽證規定。這樣的經營模式的缺失，是無法自我評估，沒有事先調查資料來協助規劃，以個人的想法為主，想做什麼就做什麼，其中還包括初期的國外弘法使培訓課程，不但加入個人的想法，連最高僧伽委員會對於弘法使的期望也納入了。但是，當弘法使離開泰國，來到國外寺院時，寺方可能又會是另外不同的需求。

　　「由內而外」的經營缺失，就是我們自己內在的想法，也許是不符合外面的需求。如果是新的市場行銷，會事先研究當地人所需求的商品類型，有系統的作資料研究與訪問調查，有助於找到適合的貨品進行銷售。摩訶朱拉隆功大學應該協助海外的泰國寺院做研究，了解一般在歐美的寺院，應該擔負什麼任務，如同先做市場調查後上架商品。改善弘法使的訓練課程，也必須事先進行調查研究作為輔助。

　　進行研究或收集資料，作為決策分析時的輔助資訊，對於新式的經營模式來說，是非常重要的，所謂「由外而內（Outside-In）」，意指聆聽外部聲音的經營方式，如海外的泰國寺院正在聆聽最高僧伽委員會的意見，聆聽國家佛教局辦公室的理念政策，包括現在各位正在聆聽我的演講，也是一種由外而內的方式。外來的意見也許不相應於各位的心聲，但是信眾的需求是如此，最高僧伽委員會的需求是如此，那一方、這一方的需求是如此。因此，您必須聆聽各方的意見，努力調整工作計劃，以符合外部大眾的需求。各位建議在美國成立地方僧長的職務，這是一種由內而外的建議，我們可以提出，但是也應該聆聽外部的聲音，即是泰國最高僧伽委員會的想法。現在的情況，各位好像處於由內向外發聲說話的狀態，或許音量不足以傳達到泰國。

　　泰國弘法使在國外的心聲，我時常聽到的是：在國外弘揚佛法是件多麼艱辛的事啊！同時，在國內長老也評論說，如果弘法使只是顧及海外泰國人的信仰，何時泰國佛教才能傳播給外國當地人呢？也有回應的聲音說，只是為泰國人、寮國人、柬埔寨人等提供服務，就已經夠辛苦了，特別是在加州地區，如果想要將佛法傳播給美國人，恐怕是更加困難。

　　當談論弘法使的職責時，我們必須聆聽外部的聲音，就是會有直接利益相關者，稱為「利害關係人（Stakeholders）」，也就是泰國最高僧伽委員會、泰國佛教局、泰國的大本山寺院、泰國人民和各界的想法，我們必須商討和總結，其中包括佛寺委員會和信眾的意見及需求，評估我們是否有能力去完成。比如說，需要教導禪修、泰國文化、泰語、或者以英文教授佛法給他們後代子孫，由於已經變成了新一代的美國公民，或許不會像他們的父母一樣護持佛教寺院。

　　現代寺院的經營管理必須採取「由內而外（Inside-Out）」與「由外而內（Outside-In）」兩種模式相輔相成，不是只靠自己單方面的想法提出企劃，在作任何提議之前，我們應以開闊的胸襟去聆聽各方的意見，例如，做問卷或研究調查，使我們的法務能夠普遍迎合各界信眾的需求，我們可以得到更好的工作成效，因為用心觀察每個人的需求。現代化的商業經營是針對個別客戶提供服務，稱為一對一的服務方式。例如，假使各家航空公司同時舉辦優惠機票活動，差別只是在於提供客戶個別需求的服務品質，比如說，可以隨個人喜好選擇餐點，這目的是以誠信來

▲聯合國衛塞節慶典

維護和客戶長期的關係。因此,當有重要人士來寺院行善時,我們也以同樣的作法,必須持續關心他,如同對客戶的售後服務。無論是美國或泰國的重要人士,我們都必須邀請他們入寺,並且盛情接待。

　　曾有人提出疑問:泰國所舉辦的聯合國衛塞節慶典,為何每年都會吸引世界各國的佛教領袖爭取參與?其中原因之一,乃是因為我們會顧慮到他們的個別需求,讓他們有機會自由發揮,例如某些國家的領袖,不想在摩訶朱拉隆功大學的開幕典禮致詞,而是要求在聯合國亞太中心會議廳的閉幕典禮發表感言,我們就隨順他們的意思安排,但是會事先詢問個人意願。各國佛教領袖上台演說的需求不同,有些是學者,我們就安排參與學術研討會;有些希望誦經祈福,我們就安排參與誦經祈福儀式。我們根據人們的興趣需求,來舉辦多元化的活動,這就是「由外而內」經營方法的特色。

　　法務昌隆的泰國本地佛寺，也同樣是善用「由外而內」的經營模式。不少寺院有著良好的經營管理體系，類似客戶的售後服務，為吸引大眾入寺。如果有西方人士走進寺院之後，我們沒有好好招待，也許會錯過能為寺院宣傳的重要人士，甚至他回去之後還寫出負面評論。某些泰國寺院，有西方人士去考察之後，回去撰寫負面報導說：不應該捐款給該寺院。雖然這是個重要的寺院，卻因為沒有好好招待外國人而衍生問題。摩訶朱拉隆功大學非常重視貴賓的接待事宜。在座的各位，應該也能領會「由外而內」的重要性。如果我們有招待不周的地方，就應該道歉、並提供額外的服務補償。因此，接待貴賓的事宜是「由外而內」的運用。在這裡的泰國佛寺如何招呼美國人士？是否親切接待當地的政府官員？是否周全的作好敦親睦鄰的工作？

佛教初傳美國

　　為了有所進展，在美國的泰國寺院也應觀察其他國家佛寺的經營方式，他們是如何運用「由內而外」或「由外而內」的經營模式。為了在這方面達到共識，在此先回顧美國佛教的發展史。

　　若以洛杉磯泰寺作為泰國佛教在美國發展的里程碑，可將佛寺的發展分為兩個階段，就是成立洛杉磯泰寺的前、後二階段。

　　美國的第一座佛寺，由中國人於公元1853年創建於舊金山，相當於泰皇拉瑪四世（公元1804-1868年）時期。最早中國人到美國夏威夷島，從事種植甘蔗的勞力工作，隨後擴展移居至舊金山市，並在當地成立了第一座佛教寺院，大約150年前。該寺院以華人為主要信仰者，並沒有向美國人傳播。在泰皇拉瑪四世末年至拉瑪五世（西元1853-1910年）初年，全世界正處於殖民主義時期，殖民帝國如英國和美國，認為殖民地的宗教信仰卑微且落後，即使是佛教也被認為如此。當時西方人並不認定佛教是宗教，僅承認佛教是一門哲學。而佛教在美國人的眼中最終被接納成為宗教，必須經過了四十年等待，直到公元1893年舉行「世界宗教議會（Parliament of the World's Religions）」，使得佛教首次能夠和基督教、伊斯蘭教並肩站在國際舞台上。

▲1893年世界宗教議會

▲泰國版《巴利三藏》　　　　　　　　　　▲達摩波羅法師
（DhJ~commonswiki CC BY-SA 2.5）

　　公元1893年，舉行世界宗教議會，泰國拉瑪五世下敕
令印刷巴利三藏3000套，分發贈送到世界各地，這是世界
史上首次將巴利三藏印刷成冊。過去巴利三藏經文被記載
於貝葉上，且當時三藏經典尚未翻譯成英文，使得佛教不
能為西方世界所認知。

　　第一屆世界宗教議會在芝加哥舉行，地點靠近密西根
湖。由於當時舉辦世博會（World Expo），展覽全世界的
產品，因而順勢召開了世界宗教議會，並發送邀請函給各
宗教代表來開會，梵蒂岡教皇辦公室就向主辦單位提出抗
議，認為不應該邀請佛教與印度教代表來參加會議，當時
產生極大的爭議，而擔任主辦委員之一的保羅・卡魯斯

▲供養洛杉磯泰寺住持帕拉加達瑪威地（Phra Rajadhammavidesh）長老

（Paul Carus），也非常艱難地邀請到這二個宗教的代表出席。南傳上座部佛教的代表受邀在世界宗教議會中上台致詞及唱名的，僅有斯里蘭卡的阿納迦里伽・達摩波羅（Anagarika Dhammapala）法師。

世界宗教議會結束之後，阿納迦里伽・達摩波羅法師停留在美國弘法，一段時間之後，才返回斯里蘭卡。接著，他再度回到美國。當時美國最著名的心理學家之一威廉・詹姆士（William James），正在哈佛大學演講（公元1902-1904年），達摩波羅法師也坐在現場聽講。威廉・詹姆士記得達摩波羅法師，因而向聽眾說，有關心理學的知識，也應該邀請達摩波羅法師來講，於是達摩波羅

法師就上台，簡要地講述了佛教心理學（Buddhist Psychology）。當達摩波羅法師演講結束，威廉·詹姆士就預言說，達摩波羅法師所說的佛教心理學，在未來的25年後，將會是每個人都必須學習的知識。果然如威廉·詹姆士所預言，佛教心理學逐漸受到西方世界的關注。如今，西方人認識佛教心理學及佛教心理治療（Buddhist Psychotherapy）。現在，佛教心理治療在美國那洛巴（Naropa）大學也開設為研究所碩士班課程。

　　當阿納迦里伽·達摩波羅法師返回斯里蘭卡途中，他訪問泰國，並打算邀請頌德帕瑪哈薩瑪那查·克隆帕拉雅·瓦吉拉那那瓦若拉薩（Somdet Phramahasamanachao Kromphraya Vajirananavarorasa）長老，前往美國參訪，尊崇他是上座部佛教卓越的僧團領袖。但是，當時進行海外出訪是件很不容易的事，無論如何，長老還是沒能成行到美國訪問。

大乘佛教在美國的成功

▲鈴木大拙

在那次芝加哥的世界宗教議會上，大乘佛教的僧團代表，是來自日本的釋宗演（Soyen Shaku）。他是第一位到美國的禪師。他在芝加哥的世界宗教議會上致詞，只是先寫了日文的演講稿，讓弟子翻譯成英文，再讓另一位弟子在議會上宣讀英文稿。宗演禪師發表的內容非常好，令人激賞。在議會結束之後，大會主辦人之一保羅‧卡盧斯邀請這位日本禪師留在美國弘法。宗演禪師說他必須回日本。但回到日本之後，禪師派他的大弟子，來美國協助保羅‧卡盧斯翻譯佛學的教材。這位日本禪師弟子，就是促使禪宗在美國造成轟動的關鍵人物，他的名字叫做鈴木大拙（D.T.Suzuki）。除了協助保羅‧卡盧斯翻譯之外，鈴木禪師還用英文撰寫禪宗書籍。在第二次世界大戰之前，他的作品使得禪宗在美國大受歡迎，甚至全球知名。就在這段時期，日本禪宗經由美國盛傳到泰國。佛使比丘也開始關注進行翻譯禪宗公案，此時禪宗在美國非常興盛，直到公元1987年在美國建立了第一座禪宗寺院。

　　禪宗傳進美國，不是像華人移民到三藩市建立寺院的形式。禪宗像是從日本進口的舶來品，打入美國市場。這樣禪宗就不僅僅是日本人的事情了，因為是美國人引進禪，想要學習禪。因此，美國人才會接觸到禪，特別是作家，引用禪宗公案撰寫的英文書籍非常多。所以說，禪宗是佛教傳入美國的第一大波浪。

　　緊接著第二大波浪，就是西藏地區的金剛乘（Vajrayāna）了。❷公元1958年，藏傳佛教開始傳入美國，正式立名為金剛乘。以我們上座部佛教來看，金剛乘就是大乘佛教。但是學術界將佛

教分為三大主流派系，就是上座部、大乘和金剛乘。這樣的分類，原因是西方學者想要保存西藏地區的文化。

西藏人遷移到西方，為了自己的生存，就會盡力在那裏興建寺院和社區。又因看到年長的喇嘛們在美國、歐洲和澳大利亞建立寺院。因此，第一所藏傳寺院於公元1944年在美國紐澤西州建立。在美國建立藏傳寺院之前，喇嘛們便經常齊聚商討要如何讓美國人接受金剛乘，就是交互運用「由內而外（Inside-Out）」和「由外而內（Outside-In）」的模式。

　　西藏僧團有一個傳承，就是誰想要學習西藏禪法，就要八體投地頂禮上師一萬次。每次遇到上師，就以這樣的方式禮拜，直到拜滿一萬次，才能開始禪修。喇嘛擔心美國人不喜歡頂禮，因為和他們的自由主義不相符。如果讓他們頂禮太多，可能就不禪修了。經過商議之後，就先進行實驗，讓美國人禮拜一萬次才開始禪修，之後做調查收集資料。一開始美國人不喜歡禮拜，但是拜來拜去，他們開始認為這是一種很好的鍛鍊身體的方式，就大大流行起來了。頂禮上師讓心變得柔和，因為有恭敬心，更容易接受上師指導禪修。因此，很多的美國人也開始關注金剛乘。

　　這種教導恭敬的方法，阿姜查長老也用得很有成效。他讓外國比丘必須每天打水給師父洗腳，當作培養恭敬心的定課。如果我們去到烏汶府的國際叢林道場，就會看到剛出家的外國比丘必須打水給長老洗腳。

　　現在金剛乘在美國和歐洲生根發芽，很多西方人來藏傳寺院剃度出家，成為比丘和比丘尼。這些西方僧人非常認真的協助撰寫和翻譯金剛乘典籍。有大量以英文撰寫的金剛乘叢書，由智慧出版社（Wisdom Publications）印刷出版。這家出版社的豐碩成果，就是出版翻譯叢書，高達30多個國家的語言，包括泰文在內。

　　上面所講述的，是大乘佛教在美國的成功。而上座部佛教，在阿納迦里伽・達摩波羅法師年代之後，也獲得逐步的發展。在美國的第一所上座部佛教的寺院是斯里蘭卡寺院，寺名是華盛頓佛寺（Washington D.C.Buddhist Vihara），建立於公元1965年，是美國第一所提供法師掛單的上座部寺院。

泰國佛寺在美國的誕生與發展

　　公元1971年，在美國建立的第一所泰國寺院，申請註冊為「上座部佛教中心」，後來發展成為洛杉磯泰寺。當時臥佛寺（Wat Pho）的頌德帕阿利亞旺薩克塔揚（Somdet Phra Ariya Wongsa Khottayan）長老，還沒有擔任僧王，他來主持洛杉磯泰寺的大雄寶殿動土奠基儀式。可能由於這個因緣，長期任職洛杉磯泰寺的住持，都是從泰國臥佛寺派送來的。40年以來，從臥佛寺派來的兩位住持，在洛杉磯泰寺駐錫長達36年之久。一位是帕達瑪拉加努哇特拉（Phra Dhammarajanuwatra）長老，任職10年（公元1979-1988年）；第二位就是現任的住持，帕拉加達瑪威地長老。

　　從洛杉磯泰寺成立之後，直至公元1976年，在美國共建立5間泰國寺院，包括洛杉磯泰寺、華盛頓泰寺、紐約瓦吉拉達瑪帕帝寺（Wat Vajiradhammapadip）、丹佛浮圖瓦拉拉姆寺（Wat Buddhawararam）和芝加哥法樂寺（Wat Dhammaram）。這五座寺院的住持齊聚開會，決定在丹佛成立了「泰國僧伽會美國分會」。計算到今年為

止，隸屬於美國分會的泰國寺院將近有100間，它的職務相當於駐美泰寺聯合組織，一方面作為美國泰寺的聯絡中心，另一方面代理泰國最高僧伽委員會監管在美國的泰寺。第二項責任，是鏈接美國泰寺和泰國最高僧伽委員會之間的緊密交流。這就成為培訓泰國弘法使出國計劃的源頭，並且成立了辦公室，監管弘法使出國事宜，並分配外國弘法使的僧爵名額。

作為美國泰寺的聯絡中心，美國分會的職責是成為智囊首腦，制定美國泰寺的弘法方針，領導其行進方向一致。泰國寺院必須提升經營方法的層次，由經營雜貨店轉變成經營百貨公司的模式，以調查研究領軍生產和市場。

有研究調查顯示，信仰佛教的人數在美國排行第三名。據《基督教科學箴言報》（*Christian Science Monitor*）的統計，美國的佛教徒占150萬人，其中的40%住在加州南部，由此可知為何這一帶有這麼多的佛寺了，原因是美國的佛教徒大多數集中在這裏。這是為了弘法，搜集資料進行企劃。這是為了弘揚佛法收集來的資料，就是採用「由外而內（Outside-In）」模式。美國信仰基督教的人數是排名第一，其次是猶太教，再次是佛教，第四就是伊斯蘭教。

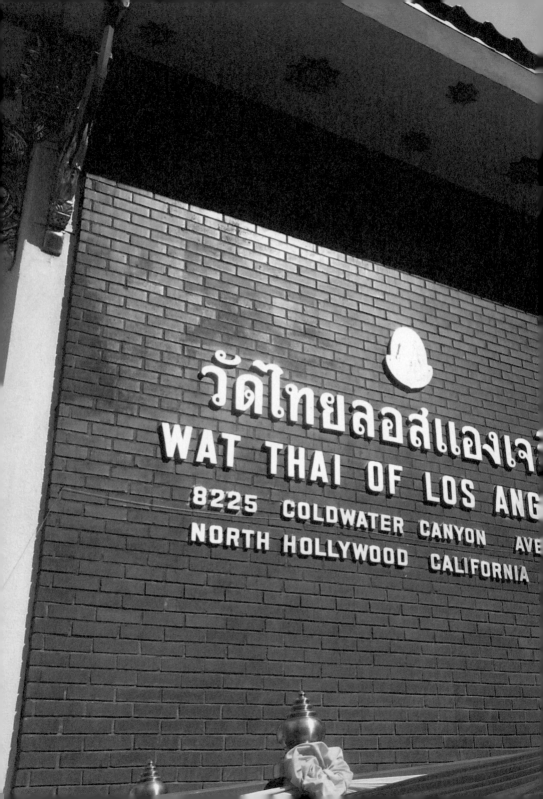

泰國佛教掌握時機進入世界潮流

根據美國宗教身份調查（American Religious Identity Survey）的統計顯示，自1990年起至2000年止，這10年之間，在美國開始信仰佛教的人數增長了17%。自此以後，美國的佛教徒的數量急速增長，其中一個原因，是由於名人效應的弘法方式，例如一行禪師（Thich Nhat Hanh）。另一個原因，是從基督教的觀點出發，認為佛教採用了高深的「非傳教途徑（Non-missionizing Approach）」，就是只教授佛法，不改變其宗教信仰。比如說，只是教導美國人如何禪修，不必皈依為佛教徒，不用改變宗教信仰。

因此，當我們將派往外國的弘法使，以英文命名為「Missionary Monk」，如果讓美國人看到這個名稱，肯定不會接受，因為好像是弘法使正要來掠奪基督教的信徒。泰國弘法使必須採取「非傳教（Non-Missionizing）」的途徑，就是不改變他們的宗教信仰。比如說，到學校去教授佛教徒文化，讓學生認識佛教徒，之後再指導禪修。等他禪修之後，就會主動接近佛教了。因為美國人信仰實用主義（Pragmatism），他們接受的哲學理論已經飽和，已有太多來自歐洲的哲學思想了。

　　美國人更注重實踐，他們接受實用主義。美國人想要尋求新的體驗，叫做「轉化經驗（Transformative Experience）」，想找到新的經驗來轉化生活。比如禪修、或者諮詢佛教心理治療。這種方法，就不必假設「人死後往哪裡去」的這種理論，不用講到形而上學。

　　美國人的實用主義類似於《摩邏迦小經》（Cula-Malunk-yovada Sutta）❸裡講的實用主義。在此經中，佛陀不回答「人死了到哪裡去？」只是開示說，提這種問題的人是白白浪費時間。就像是有人被箭射中，如果他只是忙著關心：誰是兇手？這個箭頭上的毒性強嗎？而不趕快去找醫生治療傷口的話，他就會先死掉了。佛陀就總結說，不要一直問「死了去哪兒？」要立刻修行斷苦，當下就是佛教的實用主義。

　　事實上，美國人已有屬於自己的理論了，容不下我們去教一套新的理論給他們。如果問美國人的思想是什麼？答案就是相信科學。重要的科學家，例如愛因斯坦，已經為美國人的思想奠定了基礎，我們就不需要去改變他們的想法。因為佛法和科學本來就不衝突，而且科學理論也支持佛法。我們還可以比對量子物理學（Quantum Physics），來解釋佛法的「無我（Anattā）」思想。為美國人教授佛法時，我們可以跳過理論，加重實踐的部分，教他們所缺乏的，就是戒、定、慧。不用過多談論科學理論與佛教思想之間的比較。美國人接受的理論已經飽和了。他們所需要的是禪修，就是目前許多美國大學教授的課程。

　　因此，如果我們想要在美國大學教授佛法，應該以佛教心理學為主；如果是教一般的美國人，我們應該以禪修為主。依於教授佛法的偏重不同，可以將佛教分為三種類型如下：

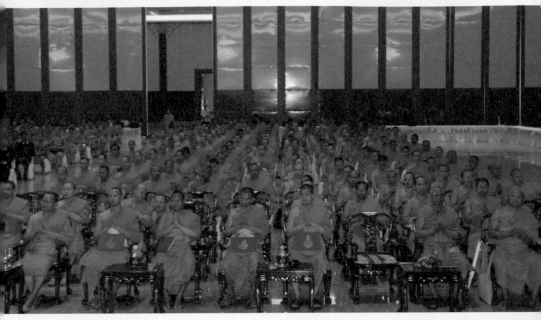

▲摩訶朱拉隆功大學弘法使畢業典禮

1. 佛教知識（Intellectual Buddhism）：重點在教導《大藏經》。以前稱作「Gantha Dhura（佛典的責任）」，現在叫做「佛學研究（Buddhist Studies）」。

2. 秘密佛教（Esoteric Buddhism）：佛教的實修法門，重點在教導禪修，稱作「Vipassanā-Dhura（觀禪的責任）」。

3. 入世佛教（Engaged Buddhism）：利益社會的佛教，重點在協助社會大眾。允許我把它稱作「Saṅgha Dhura（僧伽的責任）」。

▲中國佛教協會會長學誠大和尚出席福州開元寺與泰國摩
訶朱拉隆功大學共建大乘佛教研究中心備忘錄簽約儀式

　　第三種類型的佛教，在歐美地區廣泛流行，乃是因為佛教沒有脫離社會。因此弘法使在歐美地區弘法的重點，應該偏向於入世佛教。一行禪師，之所以成為全球知名的卓越人物，乃是因為他們倡導和平與關心自然環境問題，比如說氣候變遷（Climate Change），這是在國際會議、乃至與科學家或其它宗教交流對話的議題。

　　弘法使必須表示關注此類的事。佛教應該給予智慧，為全世界人民指出一條明路，也使得我們和聯合國能夠合作共事。因為入世佛教對社會的貢獻，聯合國認定衛塞節為國際節日，是以我們每年都舉行聯合國衛塞節慶典。因為聯合國憲章規定致力於世

▲中國國家宗教局王作安局長與梵智長老出席
大乘佛教研究中心掛牌儀式時與大家合影

界和平，而佛教也有提倡到世界和平的教法：「Natthi santi param sukham 沒有比寂靜更美好的幸福」。因此佛教是非常支持聯合國的政策。

　　不僅如此，聯合國教科文組織（UNESCO）憲章的前言寫到：「戰爭起源於人之思想，故務需於人之思想中築起保衛和平之屏障。（It is in mind of men that war begins and it is in the mind of men that the defense of peace must be constructed）」佛法也講到：「Manopubbangama dhamma manosettha manomaya 一切唯心造」，戰爭或和平都是取決於人心。

▲摩訶朱拉隆功佛教大學

　　這裡要提到摩訶朱拉隆功佛教大學與世界建立聯繫的方法。我們是採用入世佛教（Engaged Buddhism）的策略，即是運用佛法的智慧來解決世界的問題，例如世界和平、自然環境。在國際會議上討論的主題，都是和這類題目相關。哥本哈根氣候高峰會（Cop15）召開時，我們也參與其中。這也是佛教登上國際舞臺的一個管道。之前提到的，一百年前在芝加哥召開的國際宗教會議上，佛教也是如此與國際接軌的。

　　佛法在西方和美國的傳播策略，可分為四個主要面向：

　　第一、重點在佛教研究（Buddhist Studies）。包括教泰國和美國的小孩，舉辦假日佛學班，教導他們認識佛教。除此之外，請他們協助將泰文佛典翻譯成更多國家的語言，就像是藏傳

佛教所做的一樣。泰國弘法使可以讓美國泰僑弟子立刻翻譯，不用等到泰國的長老翻譯後再拿到外國來。你們只要選好的泰語佛典，就可以成立翻譯小組，翻譯成英文之後，自行印刷出版。一間寺院只要一年印一本書，一年我們就有一百多本英文佛典了。

　　第二、重點在教導禪修。在指導禪修的時候，不強求去改變他的宗教信仰，就是前面所說的「非傳教（Non-missionizing）」途徑。除此之外，我們還教導他們，以上座部阿毗達磨（Abhidhamma）開展的佛教心理學，以及更多的「佛教心理淨化」的運用方法。

　　第三、參與國際會議，例如聯合國衛塞節會議；並且致力於與其它宗教建立關係，以入世佛教作為切入點，如關心和平與自然環境等議題，也包括其它主題，例如佛教與民主、佛教與婦女權利等。

　　第四、培育和維護在外國的佛教，當泰國的寺院建築完成之後。誰來繼續護持泰國寺院？我們可能必須帶著外國的泰籍後代子孫進佛寺，讓他們延續父母輩傳承護持寺院。因此教導外國泰籍小孩泰文和泰國文化，就成為很重要的事。

　　包括鼓勵當地人來出家，為了佛教的傳承；也邀請當地居士來瞭解、協助舉辦活動，或是提供佛寺意見，比如為了建一棟新樓，聽取公眾的意見、或者與鄰里洽談。

　　總結來說，我們在此地開研討會，就是為了提高在國外弘揚佛法的成效。由此提出三點建議：

　　第一、增加弘法使人數的方法，是以邀請弘法使來寺院常住；或是由泰國送來更多的弘法使，這就是一種雜貨店思考解決問題的方式。事實上，在增加工作人員數量之前，應該先調查是否有這個必要。

　　第二、提高弘法使的素質，必須培養到有能力兼任多項工作，例如調整弘法使針對國外的訓練課程。

　　第三、促進管理流程，就是鞏固泰國僧伽會美國分會，使其能順利同時履行二個職責。一方面協助美國泰寺的工作；另一方面代理泰國最高僧伽委員會，監管美國泰寺。美國分會的工作計畫要採用「由內而外（Inside-Out）」和「由外而內（Outside-In）」的模式相互結合。

　　我僅提出這幾點想法，供養帕拉加達瑪威地長老。此次我們得到洛杉磯泰寺的誠摯邀請，前來參加會議，為了

慶祝洛杉磯泰寺成立40周年。洛杉磯泰寺能為美國泰寺的弘法之路作出貢獻，乃是因為有住持帕拉加達瑪威地長老，作為寺院的重要支柱。

在此感恩一起前來參加會議的泰國寺院，祈願共同努力在外國弘傳佛法，來供養佛陀。願三寶加持，俱獲五常，色力命安，獲無礙辯。祝福帕拉加達瑪威地長老法體安康，願您能如菩提樹，讓泰國和外國的信眾們，心有所皈依。

佛教徒的財富

佛教徒的財富[1]

　　大會主席佛法寺（Wat BuddhaDhamma）住持瓦拉薩瓦拉塔摩長老（Venerable Varasak Varadhammo）、以及與會的諸山長老！

　　泰國大使館領事納榮薩喜通先生（Khun Narong Sasitorn）與夫人旃塔娜薩喜通女士（Khun Chantana Sasitorn）、大會活動主辦人宋文（Somboon）醫生、旃堤瑪詩利亞倫女士（Khun Chantimar Sriaroon）、帕喜先生（Khun Prasit）、拍琳可頌巴女士（Khun Pailin Kobsombut）以及法會功德主——佛法寺協會所有委員們，各位善知識！

　　今天我們來參加的大法會，是佛法寺年度最盛大的法會，就是供養僧眾功德衣（迦絺那）法會。❷由於寺院一年只舉辦一場供養功德衣法會，所以住持、常住法師以及大會委員們，就要特別篩選功德主，每年事先挑選、提早告知。

　　迦絺那（kaṭhina）的意思，是用來縫製僧衣的木框子。而
被用於特別典禮供養僧眾的衣服，稱為「迦絺那衣」。這個供
養僧衣的儀式，核心是三衣。❸準備工作的時間長短，決定了
迦絺那衣的種類。如果是在供僧衣法會之前24小時內，準備完
成的三衣，稱為「小迦絺那衣（culakaṭhina）」，屬於快工。
如果是經過幾個月、甚至一年的長時間準備，稱為「大迦絺那
衣（mahākaṭhina）」。準備過程繁雜，參與人數眾多，同心
協力，意志純潔，我們說是行大善事，功德無量。意志必須很
堅強，功德才會產生；意志堅強，我們的善行才有大福報。

　　前來參與法會的人是否能得大福報，端看其心念或意志。善是快樂，行善者笑容滿面，佛教說心生歡喜、欣悅高興。不用擔心會得多少善款。從開始動手準備法會，就已經歡歡喜喜，這是善行的「前思（pubbacetanā）」，也就是在供養僧衣法會之前的心念。法會舉行時生起善念，稱為「脫欲心（muñcanacetanā）」，為了使供養的功德主心澄淨，舉行說法開示，讓大家以堅定的信念、清明的心，來參與即將開始的供養僧衣法會，並從中得到大功德利益，這就是脫欲心。

　　典禮之後，功德主法喜充滿，認定今天同心協力舉辦的供養僧衣法會，是有利益於佛教的。不用懷疑說善款會到哪裡去？管理人是否會中飽私囊？無論如何，供養都是用在佛寺，佈施了就是佈施，歡歡喜喜。這是善行的「後念（aparacetanā）」。

　　因此，為使善行功德無量，在這前中後三個時段，應保持清淨心，來共襄盛舉、齊心行善。今天的法會殊勝，儀式隆重，也是佛法寺光榮歷史的一頁。本次大會活動主辦人宋文醫生，在儀式中會正式宣佈這項喜訊。因為在法會中所供養的三衣，是由泰皇拉瑪九世蒲美蓬・阿杜雅德陛下，特別御賜給在佛法寺結夏安居的僧眾。

　　由皇室供養的三衣盛典，舉辦得特別隆重，泰國大使館領事穿著正式官服出席，現場奏頌聖歌。我也必須從泰國帶著法扇前來，這是第一次帶著高僧爵位法扇來到美國，因為要參加皇室典禮。要帶著法扇上飛機之前，必須先裝入法扇收納盒中，它的造型像是吉他硬盒。當提著法扇盒下飛機時，空服人員就好奇問說：師父您是要到哪裡去演唱呢？他是認為，我隨身帶的是吉他，其實不是，而是高僧爵位法扇。僧眾的法扇，一般都是黃色。只有少數幾位特殊的僧人，是以他生日的顏色，作為法扇的顏色。就像我本人的法扇顏色，是紫色的，擺放在這裡給大家觀賞，因不久之後，我將晉升僧爵而更換法扇。今天必須帶著法扇來參加，因為這場法會特別的莊嚴隆重，由詩利亞倫（Sriaroon）和可頌巴（Kobsombut）二府闔家作為總功德主，以及美國芝加哥獅子會泰美中西分會共同協辦。

　　獨自行善得到的功德，稱為「財具足（bhogasampadā）」，即得到的是屬於個人自家的財富。但如果邀請別人一起來隨喜行善，來世會有眾多親朋好友，不會孤獨，稱為「眷屬具足（parivārasampadā）」，做任何事都會有人出面協助支援。如果有人做事經常受阻礙，沒人願意幫忙，那是因為行善時沒有邀請別人一起做。各佛寺之間可以互相邀請參與法會，就像朗得法師（Ajarn Rat）已經來這兒共襄盛舉了，因此輪到他的寺院舉辦活動時，也要一起去莊嚴道場，大家你來我往，不必覺得不好意思，這樣才會有眷屬具足。

　　巴利語Sampadā，意指具足或財富。好的佛教徒必須具備兩項的財富：外財和內財。今天供養僧衣的功德主必然具備外財，因為有足夠的財富，才能購置這麼多的隨供品。功德主發心捐錢贊助僧衣之後，再前來參與供養僧衣儀式，這表示說，他們除了擁有外在的財富，也希望具足內在的財富。佛陀說，一個完備的人具足兩種財富：既有外在、又有內在。佛陀把世間人分為三種類型：盲眼者、獨眼者和雙眼者。

　　盲眼者，是自己沒能力求取外財，也無法得到內財或聖財，外盲、內也盲。

　　獨眼者，是有能力求外財，錢多，內心卻空洞，遇到苦惱時，無法解決人生的問題，內在貧乏。這叫智慧不足以尋得內在的法，所以僅有一隻眼。

　　雙眼者，是一個完備的人，既有能力工作取得外財；又有內法，也就是有宗教方面的知識，能夠解決人生的問題，在苦惱時作為自己的依靠。

　　人要有兩隻眼睛，才算是一個完備的人。佛使比丘（Buddhadāsa Bhikkhu）開示了一則比喻：一個完備的人，就像一個耕田的農夫。古時候，農夫用兩頭牛一起拉犁，一頭老牛，沒力氣，不過牠懂人話。農夫叫牠走，牠就走；叫牠轉，牠就轉；叫牠停，牠就停。跟牠並列的是一頭壯年的牛，力氣大，但是不懂人話。農夫將兩頭牛拴在一起，農夫喊聲走，老牛就往前移動，力氣大的壯牛看見老牛走，也跟著走，老牛轉，壯牛也轉。老牛是佛法之眼，壯牛則是科技之眼。

　　我們興建這座佛法寺，為的是教導人們具足兩隻眼。我們來到這物資豐盛、科技先進、競爭強烈的國度，仍然需要佛寺，以使我們具有智慧之眼，讓這裡的人成為完備的人，認識世界也認識佛法。愛因斯坦（Albert Einstein）曾說：「**科學沒有宗教是瘸子，宗教沒有科學是瞎子。**」宗教與科學必須並駕齊驅，如同兩頭拉犁的牛。

　　宗教無科學之所以有缺陷，乃是因為無法準確的走直線，因為不瞭解運用科技的方法及目的，也許會被利用來做危害人類、戰爭之事。而宗教不依據科學的事實，也許會被導向黑暗的神秘學說、或成為宗教狂。

　　故此，宗教與科學二者應當並行。完備的人既有科技知識，也有宗教與道德的素養。泰國有一位具備此雙方面知識的典範，他就是我們的蒲美蓬・阿杜雅德國王，陛下御賜了今天供養功德衣法會的三衣。在登基之前，皇上在瑞士學理科，修的是工程學，因世態變動而登上王位，成為九世皇，之後回去繼續就學，但轉讀政治學系。在位時，皇上對兩方面都保持興趣，科學和工程學皆不荒廢，而且有輝煌的成績，如發明又註冊專利的猜博他那水車（Chaipattana Aerator）、欽賜人造雨，還有很多其他的工程項目。與此同時，皇上也熱衷於藝術音樂和宗教，甚至出版了一部有關宗教的重要著作《摩訶旃納卡Mahajanaka》。❹泰皇的興趣如此廣泛，足以成為一個完備的人。故此，各位來到這科技大國，找到外財之後，也是時候來關心宗教了。有幾位已經到退休的年齡，歡迎來佛寺聽法。如一首詩歌所說：

小時讀書，長大賺錢，中年修福，老臨無常

　　小孩子的時候，要讀書求學。長大成人之後，要努力賺錢。年紀老了以後，入寺院求道，則是指尋找另一隻眼睛，成為一個完備的人。這是非常正常的，從詩歌內容可以看到。有些人不明白，以為一生都只是為了求外財。不明瞭為何皇上教導我們「自給自足的經濟」？「自給自足」一詞，指的是靠自己的本領，得到自足的外財和內財。只是單方面求外財，是不會用「自給自足」一詞的。

　　既是如此，我們仍不明白，有一些已經卸下重擔、退休的人，要繼續做什麼？世界文明的誕生，源自於空閒的時間。有些人不願沒事做，卻被請退不能做，那是退休。可是古代的世界文明，如希臘文明，都是起源於貴族人士因實行奴隸制度，不必做很多工作，所以有空閒的時間。因此希臘有蘇格拉底（Socrates）、柏拉圖（Plato）和亞里斯多德（Aristotle）這些人物，他們不需要花太多時間找外財，所以能夠發展內在的豐富資財，思索出許多自然科學、哲學方面的原理，留給後代世人。在中國有孔子、老子等人物，住在山林中，過著恬靜的生活。在印度有佛陀，二十九歲自行退位，出家修行。從一般人的眼光來看，修行就是靜靜地坐在那裡，什麼都不做。坐在菩提樹下，雖然有很多空閒的時間，但心靈卻是富足的。有一位王子前來探視，看見佛陀冬天坐在樹底下，忍不住問佛陀說：您為什麼要在這裡受苦，回王宮不是更好嗎？在那裡會更加舒適快樂。佛陀反問王子道：我現在和頻婆娑羅王（King Bimbisara）相比，❺你看誰更快樂？王子也認識頻婆娑羅王，因此回答說：還是佛陀比較快樂。

　　因此，佛陀在菩提樹下靜坐，內心不斷思惟，尋求恒久快樂之道，也為我們創立了佛教——世界文明之泉源。聯合國在1999年經大會決議通過，公認佛陀誕生、悟道和

涅槃的衛塞節（Vesākhapūjā）為一重要的國際節日，因為佛教在兩千五百多年來，為世界人類的心靈提昇，作出了重大的貢獻。佛陀這位偉人，有很多空閒時間靜坐，因此成為兩千五百多年來改變人類心靈的重要人物。這座佛法寺承接佛陀的法脈，如果好好地管理它，將會是我們和後代子孫提昇心靈的處所。我們來資助佛寺，也是在創造一個美麗的文明泉源，讓人們可以來誦經、學法，修煉心性，使大家的心靈潔淨、光明、安穩。不是說一個人不做什麼、沒有生產力，就是停滯不會發展。東西方的思維方式也許是背道而馳，不過最終可以匯合起來，成為美好的文明教化。千萬不要像下面這位泰國老闆一樣。

　　有一位老闆帶著僧衣，去外府作佈施。早上功德主們來了，就開始在佛堂誦經慶祝供僧衣節。此時老闆巡視寺院四周，走到河畔的涼亭，看見一位老伯伯坐在涼亭裡。這座河畔涼亭也可以作為人行走的通道，而這位老伯伯只穿著一條褲子，倚靠在涼亭的柱子，注視著河邊的水面發呆。老闆看著心想說：為何你不知道要入寺作功德呢？大家都忙著在供僧衣，而你卻坐在這裡，一動也不動。這位老闆頓時覺得煩躁起來，因為自己是這場供僧衣法會的主席。接著他回到佛堂主持儀式，等到供僧衣法會結束，要回曼谷之前，又來到河畔涼亭，看到這位老伯伯還是倚靠涼亭柱子坐著發呆，終於忍不住問說：你為什麼要坐在這裡？為何不懂得去找工作？

　　老伯伯反問：為什麼要找工作呢？

　　老闆：為了錢啊！

　　老伯伯：有了錢又怎麼呢？

　　老闆：有錢就幸福了。

　　老伯伯：幸福是怎樣呢？

　　老闆：幸福就是舒舒服服，不用做什麼。

　　老伯伯指著自己問：我現在不是幸福嗎？舒舒服服坐在這裡。

　　追求財富，稱為ditthadhammikattha，就是現有利益，有萬貫家財。接著再追求samparāyikattha，稱為後世利益，所得到的內財，即是四聖財。各位發心來供養僧衣，從泰皇御賜僧衣開始，延續到我們齊聚在這裡，在開示之前，你們求受戒法，接著聽聞佛法，增長智慧。在開示之後，舉行供養僧衣及隨供品儀式。因此我們所尋求的內聖財，歸納有四項：

　　一、信具足（saddhā-sampadā）：信是財。財是具足的意思。今天你會來站在這裡，就表示對三寶有信仰，對自己行事的目標有信心，以及對皇族有忠誠心。對佛教和皇族的信仰誠意，將我們合而為一，因信仰而成就皇室供養功德衣盛典。Saddhaya tarati ogham 我們要到達解脫彼岸，必須依靠信仰。泰國正在遭受空前的大水災，大家更應同舟共濟，互信互助。就像日本比我們早先遭受大海嘯災難，他們有吵吵鬧鬧嗎？日本人所遭受的海嘯災難比我們更強烈，原子核能發電廠受到嚴重毀損，但他們以紀

律、忠誠和信心勇敢度過難關。我們泰國人也要對自己有
信心。我們的腰也許彎了，但我們的脊椎沒有斷。我也通
過泰國的電視臺向民眾大力宣導：什麼都可以喪失，但絕
不喪失信心；什麼都可以失去，但絕不失去希望！

　　貴為人，應發宏願，立大志。

　　立定目標，我願無窮。

　　誓願天長日久，志不移。

　　智者如願以償，因立志。

因為我們有真誠、希望和信心，可以一起合作。你們剛才看完了雜技表演。一般來說，美國州務卿是不會輕易來作雜技表演的，因為很冒險。但傑西‧懷特（Jesse White）卻出席表演，因為對他的團隊有信心，他具有真誠、愛心和信心。當我們對彼此有信心，作任何事情都可以成功。反之，則困難重重。我們要對彼此有信心，齊心合力頂著風浪。不論我們要興建佛寺或是社區，都必須互誠互信，事情才能順利進行，達到目標。這種堅信會達到目標的力量，將推動我們向前邁進成為大人物。歷史上有佛陀出家堅勇求正覺的例子，可供借鑒。

美國有一個現代的例子，這個人相信自己所做的，也對自己所做的有信心，因此改變了世人的生活方式。不幸的是，剛在2011年10月5日去世。他就是史蒂夫‧賈伯斯（Steve Jobs）。賈伯斯沒有很高的學歷，只上兩年大學就休學，因為父母貧窮，不想讓養父母為了送他求學而辛苦操勞。不過他很好學，休學後繼續住在宿舍裡，旁聽了兩年他喜歡的課程。

　　賈伯斯喜歡的一門課程是書法，即海報手繪字體設計。他和朋友住在學校宿舍，週末去哈雷克里希納寺（Hare Krishna temple）吃免費餐。他在大學上書法課，萬萬沒想到，日後當他設計蘋果的麥金塔（Macintosh）電腦時，這個文字美學的素養，對他在電腦軟體字形的處理，產生了極大的幫助。他說如果當時沒有上那門課，現在的電腦字體顯示，恐怕還是如同普通印刷體般，平淡無奇。如今世人因他的創意，而能在電腦螢幕上顯示書法藝術字體。他還說，我們所作的，如同在紙上畫了一點，點點相連成一條線。凡是我們的所作所為，這裡一點、那裡一點，誰知道，有朝一日我們會派上用場，點點滴滴，到現在連成為一條線。這次我逃離泰國的水災來到這裡，還要趕快回去賑災，因為我們摩訶朱拉隆功大學正在淹水。今天的說法開示，也會與其他的點連接起來，形成日後的一條線。而我們供養僧衣所得到的功德，也不會憑空消失。

　　我們所做的一切都功不唐捐，它引領我們來到這裡。賈伯斯最喜歡東西就是電腦。他和朋友在1976年開創了蘋果公司，逐步將它擴充成為超級大公司。30歲時，他想邀請當時任職百事可樂公司的執行長來協助管理他的公司。賈伯斯對他的勸說是：「你是想賣一輩子糖水呢？還是改

變整個世界？」因此約翰・史考力（John Sculley）才同意
離職百事可樂，協助他執掌蘋果公司賣電腦。當時蘋果公
司非常賺錢，在得到史考力這位新進高級主管之後，董事
會卻將賈伯斯開除了，因為不認同他的理念。賈伯斯邀請
朋友進入公司，卻遭受朋友取代職位而失業。如同有其他
出家人，來奪取我們的寺院住持職位一樣。他在外面遊走
10年，創辦了NeXT公司，最終蘋果公司必須將他買回來。
其實是蘋果公司收購了NeXT公司，導致賈伯斯也回歸至蘋
果擔任執行長。

　　賈伯斯在2004年檢查身體時，得知罹患肝癌。他有一句發人省思的話，源自於佛教的思維方式。他自問：如果今天是我生命的最後一天，我還會想選擇我現在正在做的事情嗎？因為也有很多事情要做。如果今天是壽終之日，你還會來參加供僧衣法會嗎？還會想聽法嗎？賈伯斯這樣問自己，接著將不想作的事情，一件一件排除，到最後只剩下他最真心喜愛的電腦。他得了癌症，不知道自己還能再活幾天，他很想要遺留一些什麼給這世間。於是他用盡全副心力投入電腦，2007年推出iPhone，2010年再推出iPad。

　　他得到世人的敬佩。因他不追逐世界潮流，卻讓世界必須使用他的產品。他從蘋果公司離職42天之後，就與世長辭了。所遺留下的蘋果公司，是投資人最想持股的公司。世人將史蒂夫・賈伯斯與湯瑪斯・愛迪生（Thomas Edison）、亨利・福特（Henry Ford）媲美。而一個病入膏肓的人，是怎樣將最後的時間，全心奉獻給他熱愛和深信的事物呢！

　　法國哲學家讓-包羅・沙特（Jean-Paul Sartre）說：「**人終究是一種無用的激情（man is useless passion）**。」因為人最終會死去。但我不太認同這種說法。你看賈伯斯的人生不是有用的激情嗎？他所做的，對人類大有貢獻。如果你關心別人，你可以做很多的事情留給後代，對人類有貢獻。好像佛陀一樣，可以讓世界變得更美好。我們所做的一切，如果不是自私自利，都是有價值的。

　　請問，我們該用哪種力量來推動我們的人生呢？無用的激情、或是有用的激情？第一種力量稱為「愛欲」，第二種力量稱為「熱誠」。信仰是熱誠之事，是正確的思想。當我們有熱誠心，有正確的思想，我們會發願行善。但如果我們是各想各的、各做各的，好像馬路上的車輛，如不遵守交通規則，就會撞在一起。大家都心存好意，都想進步發展，都說熱愛團體，然後怎樣？愛會有衝突，愛同一樣東西，相同熱愛佛寺，但如果沒有規則，不遵守交通規則，車輛會相撞。約束規範我們的心志，前往同一個目標的是「戒律」，就是第二項法則。

　　二、戒（sīla）：意指維持合宜的身口言行，守戒可以使社會和樂團結。我們想要社會和樂，就得持戒，即遵守規則，如第四條不妄語戒，不單指不說謊，還包括不妄言、兩舌、惡口和綺語。當持戒成為日常習慣之後，我們就能夠創造和樂及團結。如果讓你選擇團體的和樂，或名利，你會選什麼？哪一樣更重要？互愛團結、或者名譽財富？

　　有一位太太在廚房準備晚餐，等待先生傍晚下班回家，她從廚房的窗戶向外望，看見三位老伯坐在橋底下烤火，覺得很可憐。於是叫小兒子去請那三位伯伯來家裡喝湯，她會準備熱騰騰的湯招待他們。過一會兒，兒子跑回來說，那三位伯伯有一個原則，不能夠三個人一起進別人的家，因為怕麻煩屋主。如果有人邀請他們，就單來一個人。媽媽你想請誰？媽媽要兒子去問他們三人的名字，好讓她選擇。孩子出去一會兒後回來說，第一位叫富，第二位叫榮，第三位叫愛。媽媽要請哪一位？媽媽說：去請愛伯伯來！然後就準備一碗湯等著。孩子跑出去後，不久回來敲門，媽媽以為只有一個老伯伯來，所以只準備了一碗湯，沒想到打開門，看見三位老伯伯都一起來了。媽媽不好意思的問：不是說不可以三個人一起來嗎？怎麼現在一次來了三個人？

　　三位老伯伯搶著解釋說，隨便太太要請誰都可以。如果你請富，就只來一個；如果你請榮，也只來一個。太太，你有沒有發現，如果哪一家擁有財富，通常不會有榮耀，聲譽也不太好，經常吵架爭奪。而榮耀進了哪一家，通常那家都是一些有名氣的人，不太願意合作，所以賺不到錢，沒有財富，也不安寧，因為相互競爭。但是愛進到哪一家門，那一家就安和樂利，沒有黃、紅衫之分，遊客必然蜂湧而入。如果我們自家人打來打去，遊客當然不會來，我們的鄰國是不會客氣禮讓機會的。

　　團結守法，遵守統一的規章，國家處處治安良好，那就是持戒。我們一起持戒守法，國家安定和樂，兼具外財和內財，我們不再孤單，我們過著美好的生活，也為他人帶來快樂，就是以下所說的三項利益：

　　1、自利（attattha）

　　2、利他（parattha）

　　3、俱利（ubhayattha）

　　有幸出生為人，應以這三種利益遺愛世間。如何達成「俱利」呢？就是採用第三項內財──捨。

　　三、捨（cāga）：意即犧牲。當我們為了全體利益作犧牲時，我們得到，他們也得到。此時我們居住在美國，看見我們泰國本地人的苦難，他們正遭遇水災，各位該怎麼做？回去跟他們一起哭嗎？就像有一位部長去探視高科技城，一家日本工廠整個泡在水裡，損失非常慘重，部長看了傷心地跟他們哭在一起。而各位準備做什麼？寄錢去賑災，還是什麼都不做？

　　這次泰國的大水災，資訊遭到中斷，大家都不知道其他地方的情況，不知水漲多高，以為憑藉所築的一道牆，自家就可以保住了，也不想搬東西逃走，因為覺得水災還不嚴重。但是如果有消息發放說：防水堤已經崩潰，下游村落的居民必然住不了，一定得收拾東西逃難。如果有事先準備，也不致於會損失這麼大。也許是不想讓民眾恐慌、或有他考量，準備疏散的提醒非常少，只是說「保得住！」，因此變成了迷信。信仰高，智慧低，容易迷信；智慧高，信仰低，容易疑惑。我們相信一道牆能防得住水，就是迷信，因為這是泰國五十年來最大的一波水。然後採用過去傳統的方式，引流大水先淹沒北部的府區，但不是淹沒整個府區，只是淹沒農地，避開城市，還有保護幾個特區，例如工業區。但是當大水沖來時，所有的防水堤都被毀壞了，就像摩訶朱拉隆功大學，從來不曾淹水，我們學校位於洛迦那工業區的防水堤背面，防水堤高度是五米半，而在洛迦那工業區後面，還有本田汽車公司，有

一千多輛汽車，大水真正到的時候，從十面八方湧進，所有的防
水堤都毀壞了，水淹了一百多台汽車，來不及搶救，光是這一部
份的損失，金額超過一百億以上，失業的總人口數不知有多少，
但臨時的失業人口已達到二、三百萬人。當我知道洛迦那工業區
潰堤的時候，趕緊下令加蓋圍繞學校四周的防水堤一米，大城府
的省長就在我耳邊輕聲說：如果只是加蓋一米高防水堤，請不要
白費力氣了，因為洛迦那工業區的水位已高達五、六米，水流過
來摩訶朱拉隆功大學一定會超過三米。本校隔壁的家博國際有限
公司（Homepro company）的倉庫，有二米高的防水堤，覺得已
經安全了，結果二天之後，還要划船到學校借地方住。現在有五
百人住在學校的大樓裡，雖然樓下已經淹水，但是樓上還可以居
住，詩琳通公主非常慈悲，安排受災戶來住在我們的學校。

　　在我們的收容中心，民眾說來不及拿東西，只拿了衣服而已，什麼都沒有。這輩子沒見過這麼多的水，因此不相信會造成嚴重的水災。各地區的人們幾乎都這樣認為。而摩訶朱拉隆功大學大城校區淹水後，接下來蘭實區也開始淹水了。只剩下被比喻為蛋黃的曼谷。我個人祈求曼谷能避過水災，因為我的寺院──帕榮寺（Wat Prayoon）也在曼谷。面對危急時，我們該怎麼互相協助？

　　有幾個人在沙漠中迷了路，三個年輕人將老人、小孩留在一帳篷裡，然後出發前去勘查情況。他們在沙漠中看見一座城市，高牆四周環繞，裡面有水聲、鳥聲、綠樹，是一個綠洲。三人之中，第一個人爬牆而過，在裡面盡情享樂，忘記了朋友。第二個人想，如果我進去，可能就像第一個人，不如不要進去，然後轉身回去帳篷處，找那些因缺水而快死去的人。第三個人爬牆進去城市，吃飽喝足後問路，背了一些水和糧食，回去解救那些留在帳篷裡的人。

　　在海外的泰國人，應當像第三個人一樣，自己安頓好身心，然後想到在泰國本地遭遇水災而痛苦的人，捐錢去幫助他們。助人要有智慧，那是第四項財富。不是有好心，所作出的卻是損害之事，就是愈幫愈忙、雪上加霜。我們想要幫助寺院，但卻給寺院帶來更多麻煩，這樣有用嗎？我們發心協助，應該運用「智慧」。

　　四、智慧（paññā）：意即遍知與了知，不是一般的知覺。一般的知覺，例如看見玫瑰知道是紅色、白色，那叫感知（perception）。如果知道紅、白色玫瑰二者的價差，那是知識（knowledge），是有用途的。但智慧知道的，比這些更多。

　　智慧知道一切萬物的關連性，了知前因後果。看到因，知道會得什麼果，能夠預防；看到果，知道是由什麼因造成，能夠正確解決問題。了知萬物的關連性之後，我們就不會自私。現在自然環境正在懲罰人類。兩年前我去參加在丹麥哥本哈根召開的「聯合國氣候變遷會議」，討論二氧化碳使地球暖化的問題。但是只要人類還沒有智慧，就看不見問題的關鍵，對遭受痛苦的同人類不起慈悲心，認為事不關己。古人教導說，人類與大自然是互依互存的，這是緣起觀，如下所述：

虎壯因林遮，林亂因虎在；土好因草蓋，草在因土好。

　　如果我們隨心所欲，不愛護大自然，就會受到它的懲罰。當我們明白，萬物互依互存，就會起慈悲心，想要幫助別人。

　　智慧還意指了知，即知道現象的背景，萬物的表面是這樣的，背面是怎樣的。看來是恒常的，而實際上是無常、苦、無我——三相。如果我們了知一切皆無常、苦，我們就能夠放下。

　　佛使比丘喜歡引用的一句話是：「Sabbe dhamma nalam abhinivesaya 世間萬物都應無所執著。」他教我們心要放空，愈執著愈痛苦，苦因執取，苦因欲望，苦多因縱欲，苦少因止欲，苦斷因放下。請聽下面這個故事：

　　有一位老伯伯，養了一隻會說話的鸚鵡，牠能夠和人交談。鸚鵡告訴老伯伯說：你不要養鳥啦，這是罪過！將我放生吧，就當是作善事。老伯伯說：才不放你走呢！你是一隻聰明的鳥，留著你可以陪我聊天。

　　鸚鵡問：每隔七天，老伯伯都出門一次，是去哪兒？

　　老伯伯答：去佛寺聽師父開示。

　　鸚鵡問：師父都開示了些什麼？

　　老伯伯答：不記得，只知道師父開示得很好。

　　鸚鵡請求說：下個佛日，老伯伯去寺廟時，麻煩代我向師父請示一個問題。這個問題就是：如何求得解脫？

　　佛日來到，等師父開示完之後，老伯伯立即舉手提問：請問師父，如何求得解脫？

　　誰知師父一聽完提問，忽然在法座上渾身軟弱無力。師父坐著，低頭不語，身體傾斜，幾乎要從法座上摔下來。

　　大家都責怪老伯伯亂問，使得師父突然渾身無力。

　　老伯伯覺得很傷心，匆匆回家告訴鸚鵡說，在問完牠提的問題之後，師父就暈倒了，鸚鵡真不應該讓他去請教師父問題。說完之後，老伯伯就離開去睡覺了。早上醒來時，老伯伯嚇了一跳，看到鸚鵡的脖子歪斜垂著頭。老伯

伯嚇得急忙將鳥籠打開，抱著鸚鵡出去曬太陽。而鸚鵡就趁著老伯伯轉身不注意時，立即迅速飛逃到樹上去。老伯伯怒問鸚鵡說：你到底在玩什麼把戲？讓我以為你死了，為什麼要裝死？

鸚鵡答說：你記得嗎？多少次我求你放了我，你從來不曾答應。我只好請你去問師父如何才能解脫。當聽到說，師父低頭、斜倒在椅子上，我就知道要歪脖垂頭，才能從籠子中被解放出來。因為師父是這樣示意給我看的。

今天來舉行供僧衣法會的功德主，已具備了上述四項的內在財富：信仰、持戒、施捨和智慧。

供養僧衣得到的福報是：Manapadayi labhate manapam 給他人好的，自己也會得到好的。供養僧衣，可獲得四祝福：長壽、膚色、幸福和體力。自己想要長壽，就要讓別人也長壽。生日當天，如果想要延壽，我們就去放生動物或魚類。彼此解怨釋結、消除壓力、相互原諒。我們作為佛教徒要和睦相處、無怨無恨。

今日，想擁有清亮的膚色，就要供養僧衣。佛說：Vatthado hoti vannado。如果想要成為有清透膚色或漂亮的人，可以供養僧衣。因為僧人穿了新的袈裟之後，黃顏色神彩莊嚴。

幸福，意指給他人幸福，我們也幸福。請對比巴利語富人和窮人。巴利語窮人是Duggata（苦趣生），來去奔波都辛苦，因為沒有錢，去哪兒都不方便。但是富人有錢，來去自如，想做什麼都輕鬆，不辛苦，沒有阻礙。經商貿易想要順利，就要供養僧眾外出方便之物，如拐杖、鞋子，也包括機票。

體力，Annado balado hoti 供養齋食，讓僧眾有體力進行宗教活動。給法，給不朽之法，即是不死。比如舉行開示說法是法施，給不朽的東西。今天你們行四佈施（信、戒、捨、智慧），得四祝福（長壽、膚色、幸福、體力），以及得無礙辯才（paṭibhāna），就是舉行供僧衣儀式之前的說法，施予智慧。

最後，請大眾一起迴向，Punnanubhavena 以此次皇室供養功德衣盛典的功德，願三寶加被，賜給我們身心力量，斷除煩惱。功德迴向泰國九世皇陛下聖壽無疆，作為人民百姓的永世珍寶。願以此功德，迴向泰國解除水患災難，國泰民安。

願以此功德，迴向這次大法會的功德主、大會委員、大使館領事、以及各位發心護持的居士們，能夠得長壽、膚色、幸福、體力，無礙辯才，道業成就，事業順利，萬事如意，心想事成。

莊嚴僧團偈

——即爲團體增添美好者

莊嚴僧團偈❶
—— 即爲團體增添美好者

Yo hoti byatto ca visārado
聰明又無畏
Bhissuto dhammadharo ca hoti
多聞持法者
Dhamassa hoti anudhammacārī
修行法隨法
Sa tādiso vujjati saṅghasobhaṇoti
彼名耀僧團
（增支部，第四，21/7/10❷）

King Bhumibol
The only US - born monarch

▲泰國拉瑪九世皇

　　現在，將開示〈莊嚴僧團偈〉中的所謂為「團體增添美好者」之意，為今日盛會錦上添花，隨喜泰國王儲協助納瓦民塔拉拉處提寺（Wat Nawamintararachutis，簡稱NMR中心）的僧伽及優婆塞、優婆夷團體，舉行嵌入界柱慶典儀式的殊勝功德。出家眾方面，由泰國最高僧伽委員會委員暨曼谷龍船寺（Wat Yannawa）住持、理事委員會主席——帕普浦哇齊拉葉長老（Phra Phromwachirayan），擔任大會僧團主席；在家眾方面，由紐約市泰國總領事拉薩彌齊坦先生（Mr. Rasmee Chittham），擔任大會居士團主席。大家齊心籌備慶典，由泰國僧伽會美國分會與摩訶朱拉隆功大學，以及美國境內、泰國和其他國家的諸山長老們，一起前來共襄盛舉，包括擔任最高僧伽委員會委員暨曼谷金山寺（Wat Saket）住持帕蓬素提長老（Phra Phrom Sutee），最高僧伽委員會委員暨曼谷山披耶寺（Wat Samphraya）

住持帕蓬提洛長老（Phra Phrom Dilok），以及華盛頓泰寺帕威德達瑪拉悉長老（Phra Vidhetdhammarangsi）等等。諸山長老與會人數不低於四百位，使得今日慶典更加盛大，特別是在尊敬的泰國拉瑪九世陛下的出生地舉辦佛寺慶典，這乃是泰國佛教史上偉大的功德事蹟。

　　公元2006年，欣逢泰皇登基六十周年，興建寺院以資慶賀。公元1927年，九世皇蒲美蓬出生於美國馬薩諸塞州議會大廈（Massachusetts State House）墨爾本醫院，是唯一出生於異國的泰皇。此乃重要的契機，不僅是泰國民眾，也是此地居民深深引以為傲的事情。正如我們所見，哈佛大學甚至將校區的交叉路口廣場命名為「泰皇蒲美蓬公眾廣場（King Bhumibol Adulyadej of Thailand Square）」，以此彰顯泰皇之榮耀。

▲墨爾本醫院

　　除此之外，墨爾本醫院還特設展示說明，使前來參訪的人都知道我們泰皇就誕生在這家醫院，標示寫道：公元1927年12月5日，泰國拉瑪九世陛下出生在墨爾本醫院，是唯一在美國出生的皇族，當時泰國皇太后正在西蒙斯大學就讀護理系。

　　這使我們知道，一位賢善之人的誕生，將為世人帶來幸福快樂，如同巴利語所言：Sappuriso bhikkhave kule jāyamāno bahujanassa atthāya hitāya sukhāya hoti. 意思是說「比丘們！當好人在世上誕生，將為大眾帶來利益福祉。」

　　因此，在美國的泰籍僧團和居士們，於公元2006年泰皇登基六十週年之時，決定籌劃建造納瓦民塔拉拉處提寺。恭請帕普浦哇齊拉葉長老擔任執行委員會主席，以長老所募集到將近一億泰銖的資金，先在雷納姆市購買了這一塊占地233泰萊的地，❸還有第一筆十億泰銖的建設基金，而建來建去至少花費了二十億泰銖。當每一個角落都建好之後，將成為一處雄偉壯觀、富麗堂皇、神聖靈驗的佛教聖地。

　　此佛教聖地有三項特點：

　　一、雄偉壯觀：僅僅是會議廳，就可以容納為數眾多的人在此聽法。我到美國弘法，都沒有見到任何一所寺院的會議廳，可以容納這麼多的人，這還沒有列入周圍腹地、及上下層的空間在內；而且中央還有佛塔，十分雄偉壯觀。

　　二、富麗堂皇：有些佛教聖地雖然更加雄偉壯觀，但卻不太華麗，因為沒有什麼裝飾品。帕普浦哇齊拉葉長老對於美感的講究細膩，沒有疏忽任何一處細節。因此，這乃是將泰式建築的

優美協調應用於降雪地區之傑作，以致於在美國及西方的泰國弘
法使皆應來此欣賞其富麗堂皇。

　　三、神聖靈驗：現在各位坐著聽法的地方，是一處神聖靈
驗的佛教聖地。坐在神聖的佛像前，就如同坐在佛陀面前一般，
因為大雄寶殿裡有所謂「烏通、清盛、素可泰」三時期的佛像，
非常神聖靈驗。

▲帕普浦哇齊拉葉長老

　　從現在開始，我們將有神聖靈驗的整座寺院。雖然之前大雄寶殿裡有神聖的佛像，但整座寺院還不算神聖靈驗。必須「結界開光」，就是我們現在要舉行的儀式，才算靈驗。一般民眾所謂的結界，事實上就是界定大雄寶殿神聖區域的範圍。而以居士們所準備的獅像柱作為界柱，嵌入界柱，即是所謂的「結界」，也就是界定這座寺院的神聖區域，即大雄寶殿及居士供養的界柱所標示的範圍。僧團才得以在有結界的大雄寶殿裡，舉行種種僧伽儀式，使得此寺院頓時成為專屬佛陀的領土。

　　這些限定大雄寶殿範圍的界柱深入到地下，直到有水泉的位置。任何人也無法抹滅這個地界範圍，除非未來有僧團來此處舉行解界儀式。現在我們限定在地界柱以內的範圍為專屬佛陀的領土，即是將泰皇陛下的誕生地劃定為佛陀的領土，就在這所雄偉壯觀、富麗堂皇、神聖靈驗的寺院。

　　今日我們在座的諸位，得以出生在泰皇的年代，跟隨他的步

履來到此處，見到這所雄偉壯觀、富麗堂皇、神聖靈驗的納瓦民塔拉拉處提寺，參加這次的嵌入界柱慶典儀式，可說是我們在座諸位的大功德，能夠在泰皇的出生地參與佛教聖事。假使沒有帕普浦哇齊拉葉長老為首的執行委員會，如此發心努力與犧牲奉獻，將無法成就這般雄偉壯觀、富麗堂皇、神聖靈驗的寺院。可以說，建立了這所寺院的執行委員會，也同時建立了所有泰國佛教徒的驕傲，因為一直以來我們自己都只有隱蔽不明顯的小寺院，都是一些租借的地方，只能到其他宗教的聖地參訪拍照。

　　如今，泰國佛寺將在國外遠近馳名，即使非佛教徒也要來這裡參訪拍照，只要再加以宣傳即可。我們雖然不是基督徒，也去教廷學習他們的文化，也去君士坦丁堡參觀聖索菲亞大教堂，去看從基督教堂演變而來的清真寺，但僅以遊客的身分去參觀，不覺得那是我們的地方，可是到了這所納瓦民塔拉拉處提寺，這是屬於我們的聖地，足以向信奉其他宗教的旅客說明，泰國佛教是

泰國的文明、藝術、生活方式的由來。無論是具體或抽象的部分，都帶來到了這個西方的國度，這就是我們深深引以為榮的地方。由於帕普浦哇齊拉葉長老的輝煌成果，今年才有這麼多僧眾到此共襄盛舉，因為大家都想來大開眼界，見證泰國九世皇出生地成為佛教聖地。

　　必須想到的是，我們之所以能夠如此引以為傲，主要源於發心建寺者的豐碩成果。「建寺者」可謂是佛陀所稱許的「莊嚴僧團者」，即是為團體增添美好的人，也就是我在一開頭所提到的巴利經文：Yo hoti byatto ca visārado等等，意思是：聰明、無畏、多聞、持法、行法隨法者，即是為團體增添美好的人。

　　這段經文的意思是，所謂「莊嚴僧團者」，是無論出家僧眾、或在家居士，只要能夠為佛教增添美好莊嚴的人，都稱得上是佛教稀有難得的美好種子，要經過很長很長的時間，我們才能見到一次。

　　莊嚴僧團者，也就是能為佛教增添美好莊嚴的人，具備五項特質：

　　一、聰明（Byatto）：能看見一般人所不能看見的，能明瞭一般人所不能明瞭的。為了要接引所有的人，而建造納瓦民塔拉拉處提寺。一般建造寺院，要建在哪裡都可以，只要有一棟建物，裡面有佛像，就可以稱得上是泰國寺院了。但是要像這樣佔地233泰萊，遠離市中心，幅員遼闊，才能建造出雄偉壯觀的寺院。如果只是建築物本身壯麗，佔地卻狹小，要從哪裡去欣賞整座寺院的美呢？必須要有拍攝寺院的美麗景點。

　　具有遠見的人，看的東西和我們一樣，想的卻和我們不同，所以他比我們更勝一籌，稱得上是智者，也就是Byatto。蘋果每天都會從樹上掉下來，但只有一位看到蘋果落下的想法與眾不同，那就是牛頓，他想到了地心引力。大多數的人使用電腦、電話、傳真、電視，都是分開來的，只有蘋果公司的史蒂夫·賈伯斯將這些功能全部結合在一起，成為iPhone、iPad。

　　聰明的人不是在學校或大學背來很多資料，而使他變得聰明，他和我們看到相同的事物，但眼光卻不一樣，想法也與眾不同。如果建寺者只具備一般人的見識，這所寺院何以能如此這般？因此必須讚嘆建寺者，也就是帕普浦哇齊拉葉長老的智慧。

二、無畏（Visārado）：有些人也夢想著要建造雄偉
壯觀的寺院，但是只要聽到預算就打退堂鼓了，不知道要
去哪裡找這十幾億泰銖，只是找個區區數千萬就很頭疼
了，所以敢建造這樣雄偉的寺院，必須要很有勇氣。但不
是魯莽行事。勇者和莽夫是大不相同的，莽夫拼命向前
衝，是因為不知道有問題的存在，即傻傻地拼命，像是用
頭去撞牆那般。勇者知道會有困難，但依然向前行，因為
已經全部了然於胸了，知道遇到怎樣的問題將可以如何解
決。要找到十億泰銖，必定有風險有困難，不是什麼人都
可以辦到的，所以稱這樣的人是勇者，以智慧來奮鬥。因
為他早知道會有風險、有困難，但他以智慧去面對，不會
魯莽行事。他有信仰，以忠誠面對皇室，才有了納瓦民塔
拉拉處提寺。

　　三、多聞（Bahussuto）：要使團體有體面的人，必須有豐富的經驗，讀得多，聽得也多，經過許多歲月磨練。很多人夢想功成名就，但卻屢屢挫敗，因為缺乏經驗。不是每次要做大事，每次都能夠夢想成真。為什麼屢屢增建，預算就屢屢提高，直到增加了十倍？他回答說這是很平常的事，因為我們開始計畫、開始設計時，還沒有辦法看得透徹，當一邊建設，就會一邊擴充了，這便是為什麼預算會持續增加的原因。

　　還有一個狀況，當我們在思考巨大的工程時，只有預算工程順利進行下的花費，沒有列入遇到阻礙時的費用。只有按照進度計算費用，人工費是這樣，器材費是那樣，忘了估算到也許會像在泰國遇到水災，使得工程進度延後六個月的情況，也或許忘了估算會有政變這樣的事情。做計劃的時候，沒有事先想到會遇上困難，光只是在作夢，但真正的問題發生時，來不及翻書找方法，所以做大事的人必須要有豐富的經驗。

　　例如有一位做大事又經驗豐富的人，他是泰國第一位英雄，名叫比利・帕儂榮（Pridi Banomyong，曾任泰國總理）。公元1980年在法國時，在他即將死去前的三年，《亞洲週刊》的新聞記者請求訪問他，問起好幾起泰國的政治事件，當時我剛好讀到，只記得其中有一個問題，記者問他：您認為過去所做最錯誤的事情是什麼？如果可以回到過去重新再來，您還會如此做嗎？

　　比利先生回答說：是有一件事！就是我在自己還沒有經驗的時候，就急著要做大事。比利先生年紀尚輕的時候，就取得法國的博士學位，公元1932年時，擔任泰國政變代表董事會的主席。當時他只有書本上的知識而已，非常缺乏對於人性的認知，因此不了解人的心理，不懂泰國人的習性。所以在他把從法國書本上學來的知識拿來用的時候，當時的泰國人都還不能接受，因為思想跟不上。

　　因此，比利先生所缺乏的就是經驗。當時他提出了經濟架構的構想，自以為其他人跟得上，但是一在內閣會議提出來，就被否決了，認為那是社會主義的經濟架構。如果他當時有經驗的話，必然可以擔負起更沉重的任務，努力勸說讓泰國人更加理解。可是由於他缺乏經驗，使得其他人不能了解，跟不上他，而失去了權力。後來年紀大了，經驗豐富了，卻沒有權力。當有權力時，卻缺乏經驗。

　　帕普浦哇齊拉葉長老擁有權力又具備經驗，才能夠建造出這樣雄偉壯麗的納瓦民塔拉拉處提寺。帕普浦哇齊拉葉長老有很多建寺的經驗，各位去看法樂寺（Wat Dhammaram）的詩麗吉皇后會議廳，就會認為已經夠大了，那是他在美國芝加哥所建造的。我這樣說，不是要傷芝加哥人的自尊心，而那正是他所累積的經驗。帕普浦哇齊拉葉長老要是沒有去那裏蓋寺院，怎麼會有經驗來這裡建造寺院呢？他在

泰國烏汶府發心建造醫院，慶祝王儲五十歲生日，花費了十億泰銖，一直到最後建造完成。這些累積起來的經驗，才能有今日的他。我們要一起為帕普浦哇齊拉葉長老誦經祈福，祝他長命百歲，才能夠以這些寶貴經驗去建造更加宏偉的寺院。長老可以得到更崇高的尊榮，我們也會有所依靠，海外的大型佛寺也會更多一些。

▼哈佛大學前的合影

四、持法（Dhammadharo）：所謂的「法」有好幾種意思，但在這裡，持法的人可說是「擔負責任者」，如同巴利語：Dhammañcare sucaritaṁ，應當妥善盡責。例如，已經答應要把寺院建好，就不會疏忽責任、怠忽職守，一絲不苟，盡力作到最好。比如堅持唱歌唱到最後一個音節，跳舞跳到最後一個動作，開屏開到最後一根羽毛。能夠如此的話，最後必定會成功。帕普浦哇齊拉葉長老全心全力建造寺院，才能夠使其如眼前所見那樣盡善盡美。

五、隨法行法（Dhammānudhammacāri）：由淺入深，選擇適切的方法進行，以獲致大成就，也就是達成既定的目標。雖然我們想要直直地向前走，但是在還沒有達到目的地之前，有必要先向左向右迂迴一下，就像必須尋求適合的方法來解決預算問題，以達成預定的目標。因此，成功取決於目標，但是採用什麼方法達成目標，必須視情況而定，如同羅斯福總統所說過的：「志存高遠，腳踏實地（Keep your eyes on the stars and your feet on the ground）。」

納瓦民塔拉拉處提寺的建造完成，是一件偉大的成就，但也十分富有挑戰性，以後將會如何發展，端視於寺院的管理委員會，如何管理這一所雄偉壯觀、富麗堂皇、神聖靈驗的納瓦民塔拉拉處提寺，以榮耀泰皇長長久久。至於護持寺院運作的資金要從哪裡取得，就不要再勞煩建造寺院的執行委員們了，我們大家共同花心思一起維護這所宏偉的寺院，使得寺院的功能充分發揮利用。

　　這所寺院獨特的雄偉壯
觀，是其他寺院所沒有。不
僅是佛教徒，對於其他有興
趣學習泰國佛教文化的人
士，帶動他們來參觀旅遊，
也可以帶來收入，以利於寺
院維護管理。聽說帕普浦哇
齊拉葉長老有意增建住宿大
樓，可以在此舉行會議。因
此不要覺得奇怪，如果今後
有許多在美國的泰籍僧眾經
常來這裡集會，這就是共同
協助發揮利用這個場所，也
要幫忙做公關，帶動更多人
來這裡參觀。

　　無論如何，有人會質疑
說：在國外的寺院有什麼益
處？兩千三百多年前，摩哂
陀長老被阿育王派遣到斯里
蘭卡傳播佛教，長老開示說

法，使斯里蘭卡天愛帝須王信奉佛教，在阿努拉德普勒城建造了佛塔，並種下大菩提樹。天愛帝須王問偉大的弘法使摩哂陀長老：「建造佛塔且種大菩提樹，可謂佛教在斯里蘭卡生根了嗎？」摩哂陀長老回答說：「大王，還沒有。即使建造了雄偉的佛塔，僧伽蜜多公主也帶來菩提樹苗種在這裡，佛教還不算是已經在斯里蘭卡生根了。大王！當以後有小孩出生在斯里蘭卡這個島上，母親也是斯里蘭卡島的人，後來這個小孩在島上出家，在島上學習佛法和戒律，並且可以在島上弘法了，那時候佛教才真正已經在斯里蘭卡扎根了。」

　　為了讓佛教能夠在泰皇出生的地方生根茁壯，我們必須嵌入界柱，使大雄寶殿神聖靈驗起來，並隨即在這裡為當地人舉行出家授戒典禮，才能象徵佛教在麻州雷納姆市納瓦民塔拉拉處提寺，也就是在偉大的泰皇的出生地扎根了。

　　此次能夠順利完成，因為恭請到兼備五項莊嚴僧團之美德的帕普浦哇齊拉葉長老，作為執行委員會的主席。這五項美德是：

　　一、聰明（Byatto）：不僅人聰明，建築物也聰明，即所謂的智慧型大樓（Intelligent building）。無論外面怎麼冷、怎麼熱，寺內全年皆可舉辦佛事，並且還有完備的聯絡控制系統，可以說人及建築物都很聰明。

　　二、無畏（Visārado）：勇於投資，勇於負責。

　　三、多聞（Bahussuto）：有豐富的學問和經驗，才能建造如此宏偉的寺院。

　　四、持法（Dhammadharo）：盡心盡責，從最開始實行，直到最後達成目標。

　　五、隨法行法（Dhammānudhammacāri）。最後一項，也就是努力尋求方法，解決問題，達成目的。難能可

貴的是，推動建造納瓦民塔拉拉處提寺，成為在泰皇出生地落地
生根的佛教中心。

　　最後，請與會大眾、以及現場的泰籍人士，一心虔誠祝願，
祈求吉祥三寶與寺中神聖諸佛像，及各位在此法會中成就的無量
功德，回向偉大的泰皇陛下、皇后、王儲及所有王室，幸福快
樂、諸事順遂、吉祥如意、蒸蒸日上，泰國繁榮昌盛。

　　祈願這次法會的功德加持力，讓我們在座的每一位工作順
利，圓滿成就，諸事順遂，推動護持納瓦民塔拉拉處提寺，成為
一處永久弘化世人的佛教中心。祝福各位所求如意，所願皆成。

　　關於莊嚴僧團偈的演說，因為時間的關係就到此為止。

一談觀禪【註解】

❶ 這篇演說發表於華盛頓泰寺舉辦的觀禪研討會，2013年6月8日（星期六），美國華盛頓特區。由Scott和Anong Roberson謄稿，Du Wayne Engelhart編譯。

❷ 譯註：巴利語Vipassanā, 意譯「觀」或內觀，音譯為毗缽舍那、毗婆舍那、毗婆奢那，意思是以智慧來觀察，是修行禪那的兩種方法之一。

❸ 譯註：心一境性（citt'ekaggatā）為佛教術語，是指讓心集中在一個地方，以進入禪定狀態。

❹ 譯註：非想非非想處是指三界（欲界、色界、無色界）之中「無色界」的最高處。出自《俱舍論》卷八。

❺ 譯註：根據《清淨道論》中記載，四十種業處，巴利語kammatthana，即是三十種能證得禪那、和十種能證得近行定的方法，分別是：一、十遍處：地遍、水遍、火遍、風遍、青遍、黃遍、赤遍、白遍、光明遍、限定虛空遍。二、十不淨：膨脹相、青瘀相、膿爛相、斷壞相、食殘相、散亂相、斬斫離散相、血塗相、蟲聚相、骸骨相。三、十隨念：佛隨念、法隨念、僧隨念、戒隨念、捨隨念、天隨念、死隨念、身隨念、寂靜隨念、入出息隨念。四、四無色定：空無邊處、識無邊處、無所有處、非想非非想處。五、一想：食厭想。六、一差別：四界差別。七、四無量心（四梵住）：慈、悲、喜、捨。

這四十種方法中，三十八種純為修止（奢摩他）的方法，只可以成就定，即是：十遍處、十不淨、九種隨念（除了第九入出息隨念）、四無量心、四無色定、食厭想。其餘二種：入出息隨念、四界差別，開展為修毗缽舍那觀。

❻ 譯註：所緣境就是在心裡模擬、想像一樣東西，然後用心釘住這個影像，不讓它晃動、消失。

❼ 譯註：Luang Ta Chi 隆泰慈，即是前文提到的Phra Vidhetdhammarangsi長老。

⑧ 譯註：以下簡稱「安般念」。

⑨ 譯註：十六特勝，意指安般念數息法中最為殊勝之十六種觀法：一、知息入，二、知息出，三、知息長短，四、知息徧身，五、除諸身行，六、受喜，七、受樂，八、受諸心行，九、心作喜，十、心作攝，十一、心作解脫，十二、觀無常，十三、觀出散，十四、觀離欲，十五、觀滅，十六、觀棄捨也。

世界潮流中的泰國佛教【註解】

❶ 這是演講者於2012年6月7日，在美國加州洛杉磯泰寺帕達瑪拉加努哇特拉廳，紀念洛杉磯泰寺成立四十周年的開示。

❷ 譯註：藏傳佛教正式的名稱是「金剛乘（Vajrayāna）」，是蓮華生大士應藏王邀請，帶入印度佛教所有的九乘顯密佛法，俗稱藏密、或密宗。

❸ 譯註：收錄於巴利文《中部》第63經，相當於漢譯《中阿含經》第221箭喻經。

佛教徒的財富【註解】

❶ 這是演講者於2011年10月30日在美國伊利諾州佛法寺，供養僧眾功德衣法會的開示。

❷ 譯註：巴利語Kaṭhina，衣名，音譯迦絺那，意譯堅實、功德。比丘九十日安居行終之後，人所供養之衣，此衣由安居功德而來，故名功德衣。

❸ 譯註：三衣，巴利語tīni cīvarāni，依佛教戒律的規定，比丘准許擁有的三種衣服，謂之三衣。即：僧伽梨（saṅghāṭi）、郁多羅僧（antaravāsaka）、安陀會（uttarāsṅga）。此三衣總稱為支伐羅（cīvara）。由於三衣依規定須以壞色（濁色，即袈裟色）布料製成，故又稱為袈裟（kāsāya）。

❹ 譯註：《摩訶旃納卡》是泰皇拉瑪九世御筆親撰的佛教文學作品，講的是摩訶旃納卡拋棄江山王位立志成佛的故事。

❺ 譯註：頻婆娑羅王，是佛陀時代摩竭陀國的國王，他與王后韋提希夫人都皈依佛陀，是佛教最初的護持者，其子阿闍世王弒父篡位。

莊嚴僧團偈──即為團體增添美好者 【註解】

❶ 這是演講者在Wat Nawamintararachutis寺院舉行嵌入界柱慶典儀式時，於該寺法堂所作的開示。該寺位於美國麻州雷納姆（Raynham）市，時間為公元2014年6月14日（星期天）。

❷ 譯註：表示此偈誦收錄於巴利藏的第21本，第7條，第15頁。此偈誦的中文譯文，參照電子版《漢譯南傳大藏經》增支部經典（第4卷）第1集第1之7經，台灣元亨寺出版。

❸ 譯註：1泰萊等於1,600平方公尺。233泰萊相當於372,800平方公尺，即3.728平方公里。

國家圖書館出版品預行編目(CIP)資料

梵智長老美國弘法開示集 / 梵智長老著；釋悟性等譯.-- 初版. –
高雄市：上趣創意延展, 2017.04
　　面；　公分.--（大乘佛教研究中心叢書；2）
ISBN 978-986-91880-3-6(平裝)

1.佛教說法　2.佛教教化法

225　　　　　　　　　　　　　　　　106006543

【大乘佛教研究中心叢書】系列 02
Center for Mahayana Buddhism Studies Publications, Series 2

梵智長老美國弘法開示集
Most Ven Phra Brahmapundit's Discourse in The USA

編委會主任（Chairperson of Editorial Board）：
　　　　　梵智長老（Ven. Phra Brahmapundit）
　　　　　本性禪師（Ven. Ben Xing）
作　　者（Author）：梵智長老（Ven. Phra Brahmapundit）
主　　譯（Main Translators）：
　　　　　釋悟性（Bhikkhuni Wusung）、謝維栽（Wijai Ayurayuenyong）
副 主 譯（Translators）：
　　　　　釋定泉（Shi Ding Quan）、陳彥玲（Chen Yan Ling）、
　　　　　田川女（Tian Chuan Nui）、張爇嬛（Zhang Ruo Huan）、陳姵穎（Chen Pei Ying）
總 企 劃（Overall Planning）：宓雄（Mi Xiong）、釋悟性（Bhikkhuni Wusung）
美術編輯：上趣智業（www.summit.cc）
　　　　　閆鈺薇（Yan Yu wei）
圖片提供：佛圖網（www.photobuddha.net）
藝術總監：宓雄（Mi Xiong）
發 行 人：李宜君
出　　版：上趣創意延展有限公司
地　　址：（80457）高雄市鼓山區中華一路 316-2 號 6 樓
電　　話：（07）3492256
網　　址：www.summit.cc
郵撥帳號：42321918 上趣創意延展有限公司
監　　製：泰國摩訶朱拉隆功大學　中國福州開元寺
　　　　　大乘佛教研究中心
總 經 銷：紅螞蟻圖書有限公司
地　　址：（114）台北市內湖區舊宗路二段 121 巷 19 號
電　　話：（02）2795-3656
傳　　真：（02）2795-4100
印　　刷：成陽印刷股份有限公司
出版日期：2017 年 4 月初版一刷
定　　價：200 元
Ｉ Ｓ Ｂ Ｎ：978-986-91880-3-6